Pocket Power

Bettina Traune
Sandra Lucko

ABC der Managementtechniken

HANSER

Inhaltsverzeichnis

1 Einleitung 5

1.1 Überblick über die vorgestellten Konzepte und Methoden 6

1.2 Integriertes Managementsystem 12

2 Strategiekonzepte und -methoden 15

2.1 SWOT-Analyse 15

2.2 Szenariotechnik 18

2.3 Portfoliomethodik 21

2.4 Sieben-S-Modell 24

2.5 Wettbewerbsanalyse/Wertschöpfungskette 29

2.6 Kernkompetenzmodell 31

2.7 Balanced Scorecard 35

3 Qualitätskonzepte und -methoden 39

3.1 Kontinuierlicher Verbesserungsprozess 39

3.2 Qualitätsmanagementsystem 43

3.3 Total Quality Management 49

3.4 EFQM-Modell für Excellence 51

3.5 Six Sigma 59

3.6 Reifegradmodelle 63

3.7 Total Productive Management 66

4 Personalkonzepte und -methoden 70

4.1 Management by Objectives 70

4.2 360°-Feedback 73

4.3 Personalportfolio 78

4.4 Change Management 83

5 Organisationskonzepte und -methoden 87

5.1 Prozessmanagement 87

5.2 Benchmarking 93

5.3 Wissensmanagement 97

5.4 Projektmanagement 104

6 Marketingkonzepte und -methoden 114

6.1 Marktforschung 114

6.2 Marketing-Mix 118

6.3 Lebenszyklus 123

Stichwortverzeichnis 126

Literaturverzeichnis 127

1 Einleitung

Das Umfeld von Unternehmen und Behörden sowie die Organisationen selbst sind in immer kürzeren Abständen von immer wesentlicheren Veränderungen betroffen, die zur Erhaltung und zum Ausbau der Markt- und Wettbewerbsfähigkeit eine schnelle Anpassung erfordern. Die Folge: Mitarbeiter haben ein Veränderungsprojekt nach dem anderen umzusetzen; die Gründe, Konsequenzen und angewandten Techniken können häufig nicht mehr ausreichend nachvollzogen werden. Der Glaube an die Vision, die Strategie und die langfristige Unternehmensausrichtung geht verloren.

Der selbstverständliche Umgang mit Managementbegriffen wird daher nicht mehr nur von Führungskräften erwartet, sondern ist zur Sicherung der Veränderungs- und Anpassungsfähigkeit von Unternehmen für alle Mitarbeiter notwendig. Dieses Pocket Power-Buch erläutert die wichtigsten Managementtechniken kurz und verständlich für jeden und bietet darüber hinaus erfahrenen Lesern einen guten Überblick. Die Konzepte und Methoden sind in die Schwerpunktbereiche Strategie, Qualität, Personal, Organisation und Marketing gegliedert; ein alphabetisches Verzeichnis finden Sie am Ende des Buches.

Unter diesem Symbol werden Tipps gegeben.

Dieses Symbol weist auf Hindernisse hin.

Hier geben wir Ihnen Praxisbeispiele.

1.1 Überblick über die vorgestellten Konzepte und Methoden

Bei manchen angeblich innovativen Managementmethoden handelt es sich nur um neu verpackte Techniken, deren Ansätze sich nicht von bestehenden Methoden unterscheiden. Unternehmensberatungen verstehen es meisterhaft, anhand plakativer Aussagen und Hochglanzbroschüren Manager zur Behebung der Probleme für ein neues „Tool" zu begeistern. Ob die Methode aber geeignet ist, die gewünschten Änderungen zu bewirken, wird oft nicht konkret analysiert. Der Erfolg bleibt damit meist hinter den Erwartungen zurück. Daher ist es wichtig, genau zu überprüfen, welche Ziele im Unternehmen verfolgt und mit Hilfe welcher Techniken diese erreicht werden können.

In diesem Pocket Power stellen wir

- Managementkonzepte – also umfangreiche Ansätze der Unternehmensgestaltung, z.B. Total Quality Management, sowie
- Managementmethoden

vor. Unter Methoden verstehen wir dabei einzelne Techniken, die u.a. der Umsetzung von Konzepten dienen wie z.B. das Benchmarking, das im Rahmen des Prozessmanagements Verwendung findet.

Abgrenzung zu Führungsinstrumenten

Nicht erwähnt werden Führungsinstrumente, die auf der Ebene Führungskraft und Mitarbeiter zum Tragen kommen (z.B. Motivationstheorie, Führungsstile), sondern nur Methoden und Konzepte, die auf Unternehmensebene eingeführt werden.

In Tabelle 1 finden Sie einen Überblick über den Schwerpunkt und die Zielsetzung der einzelnen Techniken. Da die erfolgreiche Umsetzung immer vom Reifegrad einer Organisation abhängt, sind notwendige Voraussetzungen ebenfalls aufgeführt.

Konzepte und Methoden	Schwerpunkt	Zielsetzung	Voraussetzungen für die Umsetzung
Strategie			
SWOT-Analyse (Methode)	Analyse der Stärken, Schwächen, Chancen und Risiken des Unternehmens und seines Umfeldes	Strategiefestlegung	Gute Kenntnisse über das eigene Unternehmen und Marktüberblick
Szenariotechnik (Methode)	Analyse künftiger Entwicklungen	Vorbereitung auf die Zukunft, Wahl der richtigen Strategie	Hohe Analysefähigkeit
Portfoliomethodik (Methode)	Einordnung von Themen, Eigenschaften, Ergebnissen in eine Matrix mit zwei Bewertungsdimensionen	Wahl der richtigen Alternativen insbesondere zur Strategiefestlegung	Richtige Einschätzung der Themen, Eigenschaften, Ergebnisse
Sieben-S-Modell (Methode)	Organisationsanalyse anhand weicher und harter Faktoren	Systematische Erforschung der Schwachstellen im Unternehmen	Bereitschaft zur Auseinandersetzung auch mit schwer messbaren weichen Faktoren

Konzepte und Methoden	Schwerpunkt	Zielsetzung	Voraussetzungen für die Umsetzung
Wettbewerbsanalyse (Konzept)	Analyse des Unternehmens und des Umfeldes – Ausrichtung auf den Markt	Strategiefestlegung zur Schaffung von Wettbewerbsvorteilen	Kenntnisse der eigenen Prozesse und Marktüberblick
Kernkompetenzmodell (Konzept)	Definition und Entwicklung von Kernkompetenzen – Ausrichtung auf die Ressourcen im Unternehmen	Strategiefestlegung zur Schaffung von Wettbewerbsvorteilen	Hohe Ressourcen-(Mitarbeiter-)Orientierung
Balanced Scorecard (Methode)	Unternehmensziele und Kennzahlen	Verankerung der Strategie im Unternehmen bis auf Mitarbeiterebene	Unternehmensstrategie ist definiert; Führen durch Zielvereinbarungen ist bereits im Unternehmen verankert
Qualität			
Kontinuierlicher Verbesserungsprozess (KVP) (Konzept)	Qualitätsverbesserungen	Permanente Steigerung der Qualität, zur Erreichung hoher Kundenzufriedenheit; Vermeidung von Fehlerkosten	Hohe Kundenorientierung, Qualitätsverständnis und Investitionsbereitschaft (Zeit, Kapazitäten, Geld)
Qualitätsmanagementsystem (Konzept)	Qualität als Unternehmensstrategie	Qualitätsverbesserungen messbar machen, Vermarktung der Qualität	Hohes Qualitätsverständnis, bestehender KVP-Gedanke, definierte Unternehmensprozesse

Konzepte und Methoden	Schwerpunkt	Zielsetzung	Voraussetzungen für die Umsetzung
Total Quality Management (Konzept)	Strategie „Qualitätsführerschaft"	Langfristiger Geschäftserfolg durch Qualität als oberstes Prinzip	Bestehendes Qualitätsmanagementsystem
EFQM-Modell für Excellence (Konzept)	Umsetzung der Strategie „Qualitätsführerschaft"	Exzellente Leistungen und Kosteneinsparungen	Bestehendes Qualitätsmanagementsystem
Six Sigma (Konzept)	Prozesssteuerung, Fehlerreduzierung in den Prozessen	Qualitätssteigerung und Kostensenkungen in den Prozessen	Hohes Qualitätsverständnis, bestehender KVP-Gedanke, definierte Unternehmensprozesse
Reifegradmodelle (Konzept)	Unternehmensanalyse nach Reifestufen	Qualitätsverbesserungen messbar machen	Hohes Qualitätsverständnis, bestehender KVP-Gedanke, definierte Unternehmensprozesse
Total Productive Management (Konzept)	Effektivität von Produktionsanlagen	Optimales Zusammenspiel von Mensch, Anlage und Arbeitsumfeld	Hohes Qualitätsverständnis und bestehender KVP-Gedanke
Personal			
Management by Objectives (Methode)	Führen durch Ziele	Steigerung der Leistungsfähigkeit und Motivation der Mitarbeiter	Definition von messbaren, realistischen und attraktiven Zielen

Konzepte und Methoden	Schwerpunkt	Zielsetzung	Voraussetzungen für die Umsetzung
360°-Feedback (Methode)	Beurteilung (meist der Führungskräfte) durch mehrere Personen, z.B. Mitarbeiter, Kunden, Führungskräfte und Kollegen	Umfassendes Feedback zur individuellen Personalentwicklung oder zur Leistungsbewertung der Führungskräfte	Starke und offene Feedbackkultur
Change Management (Konzept)	Maßnahmen in Veränderungsprozessen	Begleitung und Implementierung von Veränderungen	Konkreter Bezug zu den Unternehmenszielen – keine losgelösten Change Management-Konzepte
Personalportfolio (Methode)	Unterscheidung der Mitarbeiter nach aktueller Leistung und Potenzial	Ableitung individueller Personalentwicklungsmaßnahmen	Hohe Führungsqualität
Organisation			
Prozessmanagement (Konzept)	Untersuchung der Arbeitsabläufe	Optimierung der Arbeitsabläufe, Kostenrechnung, Personalbedarfsrechnung	Bereitschaft, nicht in Abteilungen, sondern in Prozessen zu denken und zu arbeiten
Benchmarking (Methode)	Vergleich mit dem Marktführer	Prozessoptimierung, Qualitätsverbesserungen	Veränderungsbereitschaft, offen für Ideen des Marktes

Konzepte und Methoden	Schwerpunkt	Zielsetzung	Voraussetzungen für die Umsetzung
Wissensmanagement (Konzept)	Steuerung des Wissensprozesses	Optimaler Einsatz des Wissens der Mitarbeiter zu Qualitätssteigerungen, Kostensenkungen oder Verbesserung der Innovationsfähigkeit	Unternehmenskultur, die die Weitergabe von Wissen fördert
Projektmanagement (Konzept)	Planung, Steuerung und Controlling von Projekten	Steuerung von Projekten unter Einhaltung des Termines, der Ressourcen, des Umfanges und der Qualität	Arbeiten in Netzwerken, Freistellung der Projektmitarbeiter vom Tagesgeschäft
Marketing			
Marktforschung (Methode)	Analyse des Verbraucher- und Konkurrenzverhaltens	Auswahl der „richtigen" Produkte	Zugang zu Kundengruppen und Marktinformationen
Marketing-Mix (Konzept)	Sinnvolle Kombination von Marketinginstrumenten	Marktanteile und Erlöse erhöhen, hohe Produktbekanntheit, gutes Image	Einbindung des Marketings von der Produktplanung bis zur Einführung
Lebenszyklus (Methode)	Bestimmung der Reifephase eines Produktes und Einordnung in das Portfolio	Optimale Zusammensetzung des Produktportfolios, Absatzplanung	Gute Kenntnisse des Verbraucherverhaltens

Tab. 1: *Überblick über die Konzepte und Methoden*

Die vorgestellten Konzepte und Methoden werden in den jeweiligen Kapiteln voneinander abgegrenzt, verwandte Begriffe sind zusätzlich aufgeführt.

1.2 Integriertes Managementsystem

Die beschriebenen Konzepte und Methoden sind nicht unabhängig voneinander zu betrachten, sondern bauen aufeinander auf und bilden ein integriertes Managementsystem. Ausgehend von der Unternehmens- und Umweltanalyse und der Bewertung der Ergebnisse wird die Strategie des Unternehmens festgelegt und umgesetzt. Zur Umsetzung der Strategie dienen Maßnahmen aus den Bereichen Qualitäts- und Personalmanagement, Organisation und Marketing (vgl. Bild 1).

Einige der Werkzeuge zur operativen Umsetzung der Strategie bauen aufeinander auf. So ist z.B. der Kontinuierliche Verbesserungsprozess eine Voraussetzung für komplexe Qualitätsmanagementmaßnahmen wie z.B. Total Quality Management. Ebenso lassen sich Verbindungen zwischen einzelnen Elementen herstellen: Das Prozessmanagement ist die Grundlage für alle vorgestellten Qualitätskonzepte und -methoden (vgl. Bild 2).

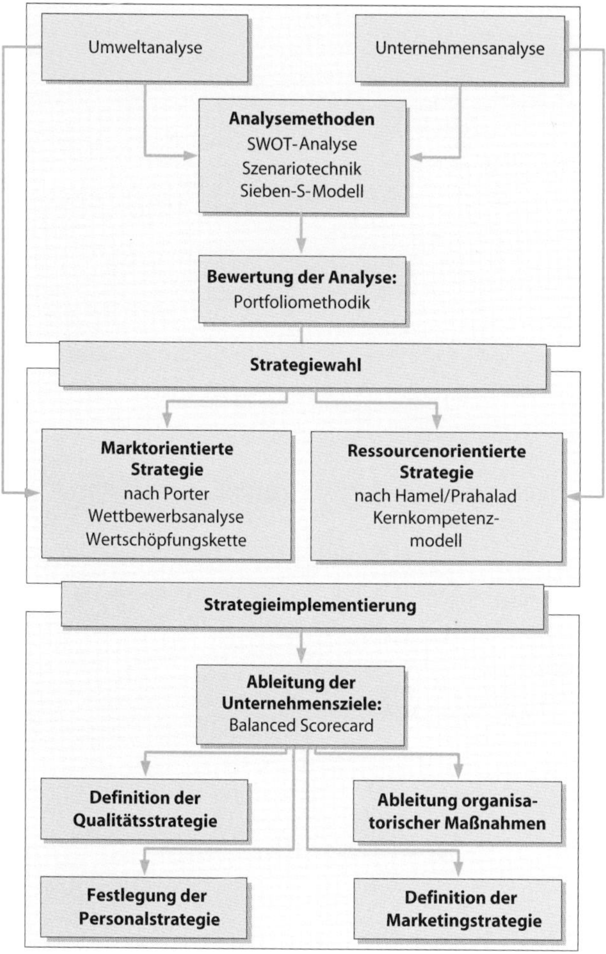

Bild 1: *Integriertes Management Teil 1*

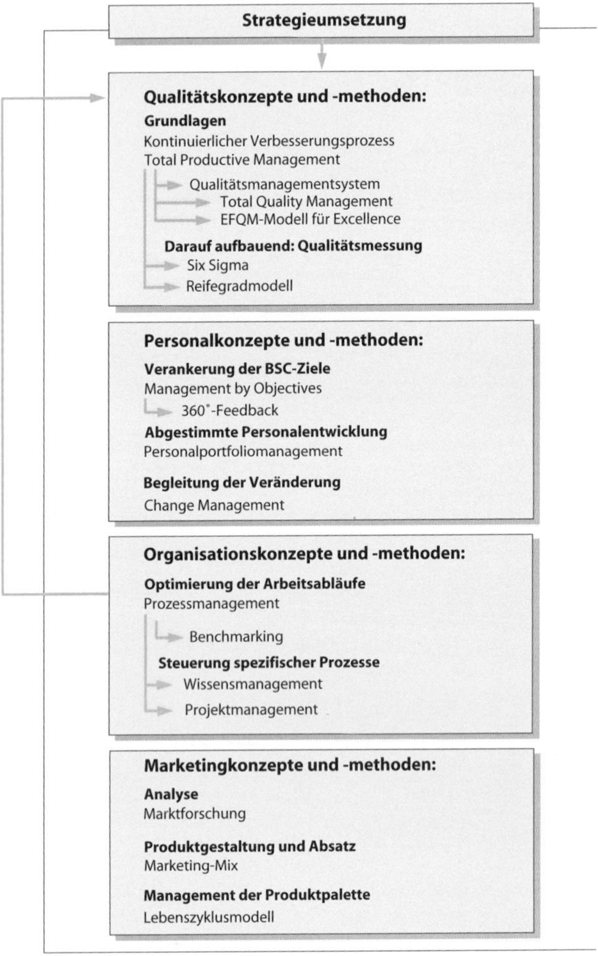

Bild 2: *Integriertes Management Teil 2*

2 Strategiekonzepte und -methoden

2.1 SWOT-Analyse

WORUM GEHT ES?

Die gemeinsame Bestimmung der unternehmerischen Ausgangssituation mit Hilfe der Unternehmens- und Umweltanalyse bildet das Fundament jeder bewussten Strategieentwicklung. Die Unternehmensanalyse bestimmt die eigenen **Stärken** (Strenghts) und **Schwächen** (Weaknesses) sowie die strategischen Erfolgsfaktoren. Häufig dienen hier andere Marktteilnehmer als Vergleichsmaßstab (➲ Benchmarking). In der Umweltanalyse werden **Chancen** (Opportunities) für zukünftige Markt- und Geschäftsentwicklungen sowie Risiken und **Bedrohungen** (Threats) des gegenwärtigen Geschäfts betrachtet. Dabei geht es nicht nur um die Analyse des unmittelbaren Umfelds, sondern auch um die gezielte Suche nach Frühindikatoren und Marktsignalen für grundlegende Änderungen (Bild 3).

Der Ausspruch von Bill Gates, dem Vordenker der PC-Ära, „Banking is necessary, banks are not" gilt beispielsweise als frühes Marktsignal für die grundlegenden Änderungen im Finanzdienstleistungsmarkt in den letzten und kommenden Jahren (z.B. Internet-Banking, E-Commerce).

Je nach strategischer Grundausrichtung wird sich ein marktorientiertes Management (➲ Wettbewerbsanalyse) stärker mit der Umweltanalyse beschäftigen, ein ressourcenorientiertes (➲ Kernkompetenzmodell) wird stärker den Blick nach innen ins Unternehmen richten.

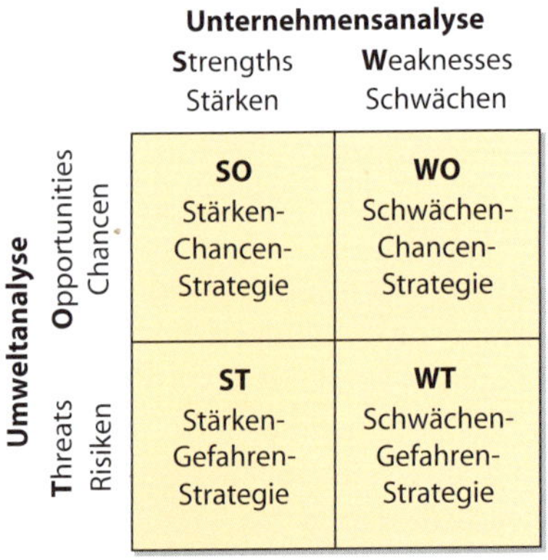

Bild 3: *Komponenten der SWOT-Analyse*

WAS BRINGT ES?

Erst durch die marktorientierte Analyse der Chancen und Risiken der Umwelt sowie die ressourcenorientierte Analyse der Stärken und Schwächen des eigenen Unternehmens ergibt sich ein vollständiges Bild der aktuellen Situation und Marktposition des Unternehmens, um die richtige Strategie zu definieren bzw. auszuwählen.

WIE GEHE ICH VOR?

Schritt 1: Umweltanalyse

Die Umweltanalyse betrachtet die globale Umwelt: Aus der Analyse der Veränderungen in der

- makroökonomischen (Zinsniveau, Wechselkurse, Arbeitslosenquote, Konjunktur, staatliche Wirtschafts- und Finanzpolitik, zentrale Ressourcen wie z.B. Erdöl),
- technologischen (neue Medien und Verfahren),

- soziokulturellen (Wertvorstellungen, Kundenpräferenzen, demografische Entwicklung),
- natürlichen (Ozonloch, Bodenschätze) und
- politisch-rechtlichen (Stabilität des politischen Umfelds, Konstanz der Wirtschaftspolitik, Gesetze)

Umwelt zeigen sich Trends und potenzielle Entwicklungen, die starken Einfluss auf die strategische Ausrichtung des Unternehmens haben. Insbesondere der Blick in die Zukunft ist jedoch entscheidend, um so genannte strategische Diskontinuitäten, d.h. schwer vorhersagbare Ereignisse, deren Eintreten das Unternehmen zu einschneidenden Anpassungsmaßnahmen zwingt, zu erkennen. Dieser strategischen Frühaufklärung dient auch die ➲ Szenariotechnik.

Schritt 2: Branchenanalyse

Anhand von Informationen zur Branchenentwicklung, zu Marktsignalen und zum Konkurrenzverhalten wird die Wettbewerbsumwelt des Unternehmens analysiert. Dazu gibt es zwei Methoden: erstens die Branchenstrukturanalyse nach Porter (➲ Wettbewerbsanalyse) und zweitens das Wertenetz – Coopetition von Nalebuff/Brandenburger.

Die Branchenstrukturanalyse basiert auf der Annahme, dass die Unternehmen ausschließlich im Wettbewerb (competition) zueinander stehen. Das Modell des Wertenetzes unterstellt auch Kooperation der Unternehmen (z.B. im Bereich der Forschung und Entwicklung). Coopetition bedeutet, mit seinen Mitwettbewerbern gleichzeitig zu konkurrieren und kooperieren. Neben Kunden, Lieferanten und Konkurrenten, die kompetitive Beziehungen zum Unternehmen haben, werden auch Beteiligte analysiert, die kooperative Beziehungen zum Unternehmen unterhalten.

Beispiel für Kooperation

Bekannte Formen der Kooperation von Unternehmen sind strategische Allianzen wie im Flugverkehr die „Star-Alliance" oder im Bankbereich die „Cash Group".

Schritt 3: Unternehmensanalyse

Die Unternehmensanalyse bedient sich im Wesentlichen des Modells der ➲ Wertschöpfungskette von Porter und des Stärken-Schwächen-Profils. Während sich die Wertkettenanalyse auf die Bestimmung von Wert- und Kostentreibern konzentriert, werden beim Stärken-Schwächen-Profil die Anforderungen der Kunden/Stakeholder und damit die kritischen Erfolgsfaktoren untersucht. Dabei werden zuerst die Anforderungen/Erwartungen der Stakeholder ermittelt; danach wird die Erfüllung dieser Anforderungen bewertet. Daraus ergibt sich das Stärken-Schwächen-Profil, das auch mit Hilfe von ➲ Benchmarking gewonnen werden kann.

2.2 Szenariotechnik

WORUM GEHT ES?

Die Umwelt allgemein und das Umfeld von Unternehmen sind heute äußerst komplex und verändern sich sehr schnell. Entwicklungen lassen sich kaum zuverlässig prognostizieren, gesicherte Annahmen gibt es kaum. Szenarien betrachten Trends in vernetzter Form und entwerfen damit mehrere alternative Bilder der Zukunft. Dabei steht immer der Gesamtüberblick im Vordergrund, niemals das Detail. Die Szenariotechnik verfolgt zwei Zielrichtungen:

- die optimistische, um Chancen zu erkennen, Stärken auszubauen und unerwartete Gelegenheiten zu nutzen (Best-Case-Szenario), und
- die pessimistische, um auf das Schlimmste vorbereitet zu sein (Worst-Case-Szenario).

WAS BRINGT ES?

Die Szenariotechnik reduziert Komplexität, ohne entscheidende Entwicklungen auszublenden, und verschafft damit eine anschauliche klare Vorstellung über künftige mögliche Veränderungen im Markt. Aus den Szenarien lassen sich Vorbereitungen und Indikatoren zur Früherkennung ableiten, um im jeweils eintretenden Szenario gut zu agieren. Unvorhergesehene Ereignisse treffen das Unternehmen dann nicht unvorbereitet.

WIE GEHE ICH VOR?

Schritt 1: Szenariovorbereitung

- Abgrenzung des Untersuchungsgegenstands (Geschäftsbereich, Unternehmen oder gesamte Branche),
- Festlegung des Zeithorizonts (fünf, zehn oder 20 Jahre),
- Analyse der Ist-Situation des Untersuchungsgegenstands.

Schritt 2: Szenariofeldanalyse

- Identifikation relevanter Umweltsegmente und Einflussbereiche (z.B. Informationstechnologie),
- Ableitung konkreter Einflussfaktoren – jetzt und zukünftig (z.B. fast jeder Privathaushalt hat einen PC),
- Auswahl der Schlüsselfaktoren.

Das kann mitunter ein sehr aufwändiger Prozess sein, bei dem sich computergestützte Einflussanalysen zur Unterstützung anbieten.

Schritt 3: Szenarioprognostik

- Erarbeitung von Entwicklungsmöglichkeiten der Schlüsselfaktoren,
- Beschreibung dieser in Zukunftsprojektionen.

Abhängig von Ziel und Zweck der Szenariotechnik kommt bei der Festlegung der Entwicklungsmöglichkeiten entweder die Extremprojektion oder die Trendprojektion zum Einsatz. Geht es um Szenarien zur Orientierung und Früherkennung, empfiehlt sich die Extremprojektion: Die Entwicklung wird überspitzt und dramatisiert; die Eintrittswahrscheinlichkeit ist meist gering. Aber mögliche Gefahren und Risiken werden deutlicher. Die Trendprojektion hat einen engen Fokus und konzentriert sich auf wahrscheinliche Entwicklungen. Aufgrund der hier gewonnenen eindeutigeren Aussagen eignet sich die Trendprojektion zur Entscheidungsfindung.

Schritt 4: Szenariobildung

- Bewertung der Verträglichkeit der alternativen Entwicklungsszenarien,
- Festlegung widerspruchsfreier Kombinationen,
- Ausarbeitung einiger weniger Szenarien als komplexe Zukunftsbilder.

Schritt 5: Szenariotransfer

- Ableitung einer „zukunftsrobusten" Strategie,
- Ableitung eines Leitbilds und strategischer Erfolgsfaktoren,
- Maßnahmenplan zur optimalen Vorbereitung auf mögliche Entwicklungen.

2.3 Portfoliomethodik

WORUM GEHT ES?

Der Portfolioansatz gehört zu den bekanntesten Konzepten des strategischen Managements und verdichtet die Ergebnisse der ➲ SWOT-Analyse zu Szenarien, die die vermutliche Markt- und Branchenentwicklung abbilden. Die Szenarien werden bewertet und Handlungsalternativen entworfen, um auf die wahrscheinlichsten Entwicklungen entsprechend zu reagieren oder durch Forcierung von Richtungen und Trends entsprechend zu agieren. Aus der Bewertung und Auswahl der strategischen Optionen resultiert die Verteilung von Ressourcen im Unternehmen.

WAS BRINGT ES?

Mit Hilfe der Portfoliotechnik werden auf der Gesamtunternehmensebene die strategischen Optionen, d.h. die Möglichkeiten der strategischen Positionierung, formuliert (in welchen Geschäftsfeldern/Märkten will das Unternehmen tätig sein?). Nur mit einer effektiven Gesamtunternehmensstrategie lassen sich unausgeschöpfte Potenziale und Fehlsteuerungen vermeiden.

WIE GEHE ICH VOR?

Im Folgenden werden zwei der bekanntesten Portfoliomatrizen erläutert.

1. Die BCG-Matrix (Boston Consulting Group) in Form einer Vier-Felder-Matrix folgt der Logik der Erfahrungskurve, nach der Unternehmen mit dem größten Marktanteil aufgrund der abnehmenden Kosten die rentabelsten sind (Bild 4).

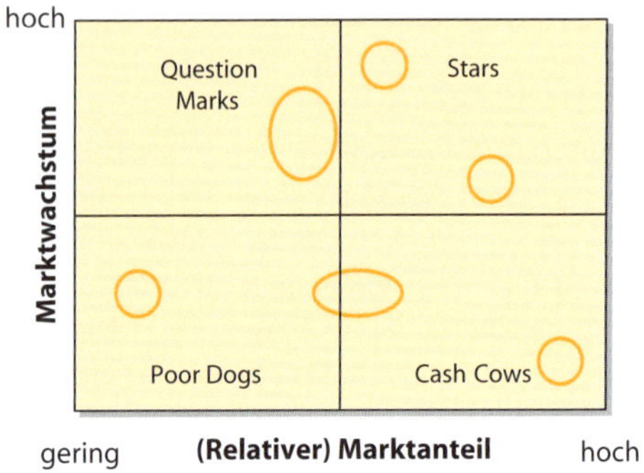

Bild 4: *BCG-Matrix*

Die Umwelt wird durch den Faktor „Marktwachstum", die Stärken und Schwächen werden durch den „relativen Marktanteil" (= eigener Umsatz dividiert durch den Umsatz des stärksten Konkurrenten) dargestellt. Den Quadranten sind so genannte Normstrategien zugeordnet, die die strategische Ausrichtung verdeutlichen.

Beschreibung der BCG-Matrix-Felder

- **Stars** besitzen einen hohen Marktanteil in schnell wachsenden Märkten. Die Strategie heißt fördern, ausbauen, investieren.
- **Cash Cows** bringen in schrumpfenden/stagnierenden Märkten aufgrund ihrer guten Wettbewerbsposition hohe Erträge und sind damit häufig das Rückgrat des Unternehmens. Die Strategie lautet „melken", keine größeren Investitionen, Erträge zum Aufbau neuer Geschäftsfelder nutzen (Beispiel: das Medikament Aspirin von Bayer).

- **Question Marks** haben in einem stark wachsenden Markt einen geringen Anteil, gelten als Chance, sind aber mit hoher Unsicherheit behaftet: Sie entwickeln sich entweder zu Stars oder zu Poor Dogs. Die Strategie heißt deshalb: Streng beobachten und ausbauen oder abstoßen.
- **Poor Dogs** haben einen niedrigen Marktanteil in einem schrumpfenden/stagnierenden Markt. Daher lohnt es sich meist nicht (außer bei positivem Cashflow) das Geschäftsfeld aufrechtzuerhalten und die Strategie lautet Desinvestition respektive Liquidation.

Der Schwachpunkt der BCG-Matrix liegt in der Fokussierung auf den Marktanteil und das Marktwachstum. Nach dieser Logik sind alle Nischenanbieter, die keinen großen Marktanteil haben und in stagnierenden Märkten agieren, Poor Dogs. Die Realität zeigt jedoch, dass viele Nischenanbieter sehr rentabel sind.

2. Die Branchenattraktivitäts-Wettbewerbsstärken-Matrix von McKinsey (auch Neun-Felder-Matrix genannt) hat einen ähnlichen Aufbau, bietet aber ein differenzierteres Bild der Wettbewerbsfähigkeit (Bild 5). Jedem Feld sind auch hier so genannte Normstrategien zugeordnet:

- Investition und Wachstum,
- selektive Strategien und
- Ernten (Abschöpfungs- und Liquidationsstrategien).

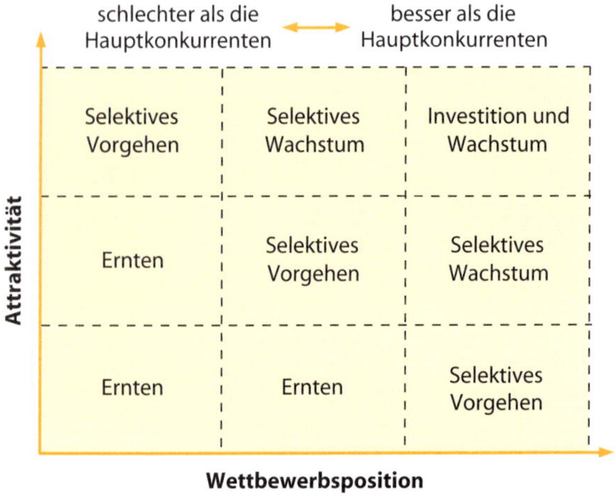

Bild 5: *McKinsey-Matrix*

2.4 Sieben-S-Modell

WORUM GEHT ES?

Das Sieben-S-Modell ist ein Modell für eine Organisationsdiagnose, das sowohl die so genannten „Hard Facts“ Strategy (Strategie), Structure (Struktur) und Systems (Systeme) als auch die „Soft Facts“ Staff (Personal), Skills (Wissen und Fähigkeiten), Style (Unternehmenskultur und -stil) und Superordinate Goals (übergeordnete Ziele/Selbstverständnis) berücksichtigt.

1. Die Strategie umfasst alle Maßnahmen zur Sicherung des langfristigen Unternehmenserfolgs sowie den dazugehörigen Maßnahmenplan.

2. Die Organisationsstruktur stellt im übertragenen Sinne den „Schaltplan“ dar, der die sachlich-hierarchischen Zusammenhänge veranschaulicht.
3. Systeme bezeichnen festgelegte Prozesse, Routinen, Berichte sowie spezielle IT-Steuerungssysteme.
4. Personal bezieht sich auf die demografischen und ausbildungstechnischen Merkmale des Unternehmens.
5. Wissen und Fähigkeiten umfassen die Kernkompetenzen – also die Dinge, die vom Unternehmen und seinen Mitgliedern besonders gut gemacht werden, unverwechselbar sind oder nur schwer imitier- und substituierbar sind.
6. Stil bezieht sich auf die Unternehmenskultur, also die Verhaltensmuster und Vorbildfunktion der Führungskräfte und der Organisation als Ganzes.
7. Die übergeordneten Ziele verbinden die harten mit den weichen Faktoren und nehmen damit die zentrale Stellung im Sieben-S-Modell ein. Sie beziehen sich auf die Wert- und Zielvorstellungen, den übergreifenden Sinn und Zweck des Unternehmens (Bild 6).

Bild 6: *Sieben-S-Modell*

WAS BRINGT ES?

Misserfolge im Management sind nicht selten die Folge einer einseitigen oder kurzfristigen Betrachtung der Unternehmenssituation. Die Verbindung von harten und weichen Faktoren in der Diagnose schafft eine ganzheitliche Betrachtung und Beurteilung des Unternehmens und bietet damit die Grundlage für eine integrative Strategie- und Unternehmensentwicklung. Das Modell ist dabei mehr als eine Checkliste denn als theoretisch fundierter Ansatz zu verstehen. Es bietet einen umfangreichen Leitfaden zur systematischen Aufdeckung von Schwachstellen. Die Ergebnisse können auch Grundlage für die Zielfestlegung in der ➲ Balanced Scorecard sein.

WIE GEHE ICH VOR?

Während einer Organisationsdiagnose beleuchtet man die sieben Felder anhand verschiedener Fragen, um daraus Veränderungsansätze abzuleiten.

Strategy (Strategie)

- Wie lautet die Vision des Unternehmens? Welche Strategie verfolgt die Organisation?
- Welche Ziele gibt es in der Organisation? Kennen alle Mitarbeiter diese?
- Gibt es widersprüchliche Ziele?
- Wer hat bezüglich der Strategie das Sagen? Welche Personen treiben die Umsetzung der Strategie voran?
- Wie ist die Strategie an die Personal- und Organisationsentwicklung gekoppelt?

Structure (Struktur)

- Gibt es ein klares Organigramm? Wie sieht dieses aus?
- Sind die Kompetenzen und Bereiche klar geregelt?

- Wie passt die Aufbauorganisation zur Strategie?
- Ist die Struktur stark um Personen „herumgebaut“?
- Welche Strukturänderungen sind geplant? Wer ist darin eingebunden?

Systems (Systeme)

- Was sind die Kernprozesse des Unternehmens?
- Wie sind die Abläufe organisiert? Transparent? Formell? Informell?
- An welchen Nahtstellen treten am häufigsten Reibungen auf?
- Wer hat den Überblick über Prozessveränderungen?
- Welche formellen bzw. informellen Prozesse gibt es zur Umsetzung der Strategie?

Staff (Personal)

- Welchen Stellenwert haben die Mitarbeiter im Unternehmen?
- Woran ist dies erkenn- und messbar?
- Wie würden die Mitarbeiter selbst ihren Stellenwert beurteilen?
- Wie wird Personal im Unternehmen gefördert?
- Welche Karrierepfade gibt es im Unternehmen?
- Wie sieht die Fluktuation aus?

Skills (Wissen und Fähigkeiten)

- Was ist das Kernwissen der Organisation?
- Wer besitzt es?
- Wie wird mit Wissen im Unternehmen umgegangen?
- Wie wird in der Organisation gelernt?
- Was geschieht mit neuem Wissen?
- Wie wird Wissensvermittlung und -weitergabe belohnt?
- Welche Plattformen gibt es für Wissensverteilung und -speicherung?

Style (Unternehmenskultur und -stil)

- Welche Regeln und Normen gilt es unbedingt einzuhalten?
- Wie wird bei Widerspruch agiert?
- Welche Belohnungs- und Bestrafungsmechanismen gibt es?
- Wie wird mit Fehlern umgegangen?
- Wie treten die Führungskräfte des Unternehmens in Erscheinung?
- Welcher Führungsstil wird im Unternehmen gelebt und gepflegt?
- Wer stellt die Unternehmenskultur in Frage?
- Welche Beziehungen gibt es unter den Mitarbeitern?

Superordinate Goals (übergeordnete Ziele/Selbstverständnis)

- Wie versteht sich die Organisation zum Kunden?
- Welches Selbstverständnis herrscht seit der Gründung des Unternehmens?
- Wer hat dies wie zum Leben erweckt?
- Wie hat sich die Unternehmensidentität seit der Gründung verändert?
- Wem gefallen diese Veränderungen? Wem nicht? Wem sind sie egal?
- Wie stehen die Mitarbeiter zum Selbstverständnis der Organisation?

2.5 Wettbewerbsanalyse/ Wertschöpfungskette

WORUM GEHT ES?

Michael Porter hat zur Erreichung langfristiger Wettbewerbsvorteile ein aus drei Bausteinen bestehendes Strategiekonzept entwickelt:

- die Wettbewerbsanalyse zur Ermittlung der strategischen Wettbewerbsposition,
- die Definition einer Wettbewerbsstrategie (Kostenführerschaft, Differenzierungsstrategie oder Schwerpunktbildung),
- die Wertkette zur Bestimmung strategischer Wettbewerbsvorteile.

WAS BRINGT ES?

Das Konzept von Michael Porter zählt zu den marktorientierten Strategien und bedeutet, dass Unternehmen unvollkommene Märkte zur Erreichung von Preis- oder Qualitätsvorteilen ausnutzen. Es dient zur Analyse der Wettbewerbsfähigkeit des Unternehmens und zur Bestimmung der notwendigen strategischen Ausrichtung, um Wettbewerbsvorteile zu nutzen.

WIE GEHE ICH VOR?

Die Wettbewerbsanalyse beruht auf der Annahme, dass auf jede Branche fünf Kräfte wirken:

Kunden – deren Verhandlungsmacht eine Reduzierung der Gewinnspanne bewirkt.

Lieferanten – die bei entsprechender Macht für Produkte höhere Preise verlangen.

Ersatzprodukte – die notwendige Preisreduzierungen zur Folge haben können, wenn z.B. die Wechselbereitschaft der Kunden sehr groß ist.

Konkurrenz der Wettbewerber – die Auswirkungen auf Preise, Marketing und Neuentwicklungen haben.

Neue Anbieter – die die Zahl der möglichen Konkurrenten erhöhen. Diese Gefahr ist umso größer, je weniger Markteintrittsbarrieren wie z.B. hoher Kapitalbedarf oder staatliche Regulierung bestehen.

Die aktuelle Wettbewerbssituation wird anhand der oben genannten Kräfte analysiert und im Anschluss eine von drei möglichen Strategien gewählt:

- Kostenführerschaft: Herstellung von qualitativ gleichwertigen Leistungen zu niedrigeren Kosten.
- Differenzierung: Angebot von Produkten mit einem Zusatznutzen für den Kunden zu einem höheren Preis als die Konkurrenz bei gleichen Produktionskosten.
- Bildung von Schwerpunkten: Ausrichtung auf Produkte mit wenig oder keinen Konkurrenzangeboten.

Zur Bestimmung von Kosten- oder Differenzierungsvorteilen empfiehlt Porter die „Wertkette“ – also die Analyse der internen Prozesse (Bild 7). Je nach vorher festgelegter Strategie werden nun innerhalb der Hauptprozesse und der unterstützenden Tätigkeiten Potenziale zur Reduzierung von Kosten (Kostenführerschaft) oder zur Generierung eines Zusatznutzens (Leistungsdifferenzierung) realisiert. Dabei kann zur Bestimmung von Optimierungspotenzialen ➲ Benchmarking eingesetzt werden.

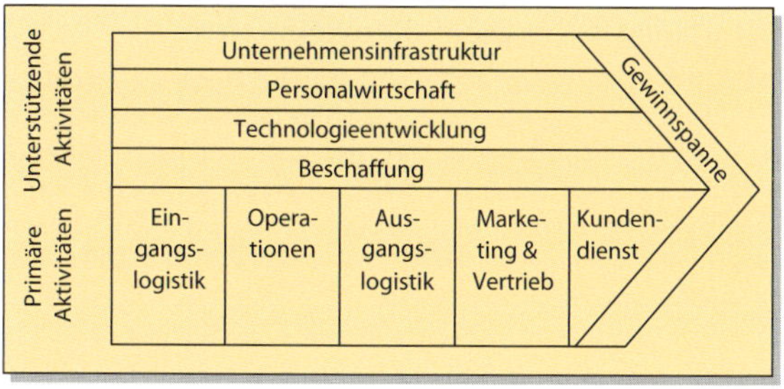

Bild 7: *Wertkette von Porter*

Beispiel Kostenführerschaft

Unternehmen wie ALDI können Ware u.a. aufgrund einer optimierten Eingangs- und Ausgangslogistik zu wesentlich günstigeren Konditionen als die Konkurrenz anbieten.

2.6 Kernkompetenzmodell

WORUM GEHT ES?

Im Gegensatz zu den marktorientierten Strategien gehört das Kernkompetenzmodell zu den ressourcenorientierten Strategiekonzepten (vgl. Osterloh/Frost). Dabei werden die Chancen nicht am bestehenden Markt, sondern in den unternehmensinternen Ressourcen – den so genannten Kernkompetenzen – gesehen. Unter Kernkompetenz wird die spezielle Fähigkeit oder Technologie eines Unternehmens zur Erreichung eines einzigartigen Kundennutzens verstanden.

Die Voraussetzung zur Erzielung von Wettbewerbsvorteilen ist, dass Ressourcen heterogen und unternehmensspezifisch und damit nicht einfach austauschbar sind (vgl. Hamel/Prahalad).

Verwendung des Begriffes Kernkompetenz

Leider wird unter „Ausrichtung auf Kernkompetenzen" in Unternehmen in der heutigen Zeit verstanden, sich auf das Kerngeschäft zu konzentrieren, also sich von unternehmensfremden Tätigkeiten oder Beteiligungen zu trennen. Die Idee von Hamel und Prahalad zielte aber nicht auf eine generelle Verschlankung von Unternehmen durch Outsourcing ab, sondern auf die Fähigkeiten im Unternehmen zur Neugestaltung des Marktes, auch wenn es in Produkten mündet, die nichts mit dem ursächlichen Kerngeschäft des Unternehmens zu tun haben.

Der Ansatz von Hamel/Prahalad grenzt sich zu den marktorientierten Strategieansätzen wie in Tabelle 2 gezeigt ab.

Marktorientierter Ansatz (Porter)	Ressourcenorientierter Ansatz (Hamel/Prahalad)
Schrittweise Verbesserung von Marktanteil und Position	Neuformulierung der Spielregeln und Schaffung neuen Wettbewerbsraumes
Formalistisch und rituell	Erforschend und offen
Bestehende Industrie- und Marktstruktur als Ausgangspunkt	Kompetenzen als Ausgangspunkt
Branchenanalyse	Suche nach neuen Funktionen oder neuen Wegen der Bereitstellung
Planung erfolgt durch die Führungskräfte der einzelnen Geschäftseinheiten (wenige Experten)	Planung erfolgt durch viele Manager auf Unternehmensebene (Nutzung eines breiten Wissens)

Tab. 2: *Vergleich Porter und Hamel/Prahalad*

WAS BRINGT ES?

Die Ausrichtung auf Kernkompetenzen kann genutzt werden, um

- neue Märkte zu erschließen,
- Entscheidungen bezüglich der strategischen Ausrichtung des Unternehmens zu treffen und
- Entscheidungen, welche Technologien oder Fähigkeiten aufgebaut werden müssen, vorzubereiten.

WIE GEHE ICH VOR?

Zu Beginn schlagen Hamel und Prahalad die Entwicklung einer „strategischen Architektur" vor. Die strategische Architektur legt fest, was heute getan werden muss, um die Zukunft vorwegzunehmen, und welche Kernkompetenzen entwickelt werden müssen, um die Chancen von morgen zu realisieren. Kernkompetenzen sind dabei als Bündel von Fähigkeiten zu verstehen und sollen

- einen hohen Kundennutzen im Vergleich zu den Wettbewerbern schaffen,
- schwer zu imitieren sein und
- durch den bereichsübergreifenden Einsatz von Technologien und Fähigkeiten neue Märkte erschließen.

Beispiel einer Kernkompetenz

Die Kernkompetenz von Sony ist die „Miniaturisierung" – also die Herstellung von kleinen Geräten wie z.B. tragbare Radios, CD- und MP3-Player.

Diese Kernkompetenzen werden in so genannten Kernprodukten gebündelt.

Der Wettbewerb um die Kernkompetenzen findet auf den Ebenen

- Aneignung grundlegender Fähigkeiten und Technologien,
- Aufbau von Kernkompetenzen,
- Maximierung des Kernproduktanteils und
- Maximierung des Endproduktanteils

statt.

Die meisten anderen Strategiekonzepte konzentrieren sich ausschließlich auf die vierte Ebene, den Markt. Die ressourcenorientierte Strategie beginnt im Unternehmen – mit der Entwicklung von Fähigkeiten. Diejenigen, die sich einen schnelleren und dauerhaften Zugang zu diesen Fähigkeiten sichern und diese in Kompetenzen umwandeln, erreichen laut Hamel/Prahalad Wettbewerbsvorteile.

Als Hilfsmittel, spezifische Ziele für den Aufbau und den Einsatz von Kompetenzen festzulegen, bietet sich die Kompetenz-Produkt-Matrix an. Dabei wird zwischen bestehenden und neuen Kompetenzen sowie zwischen bestehenden und neuen Produktmärkten unterschieden (Bild 8).

Umsetzung des Kernkompetenzmodells

Im Vergleich zu Porters formalisiertem Ansatz zeigen sich bei der Umsetzung der ressourcenorientierten Strategie Unklarheiten. Da es auch beim ➲ Wissensmanagement um die bessere Nutzung der internen Ressourcen, also der Fähigkeiten des Unternehmens geht, können diese konkreteren Methoden bei der Umsetzung eingesetzt werden.

Kernkompetenzen	Markt: bestehend	Markt: neu
neu	*Herausragende Position:* Welche neuen Kernkompetenzen müssen wir aufbauen, um unsere Exklusivposition in unseren derzeitigen Märkten zu schützen und auszubauen?	*Mega-Chancen:* Welche neuen Kernkompetenzen müssten wir aufbauen, um an den spannenden Märkten der Zukunft teilnehmen zu können?
bestehend	*Lücken füllen:* Welche Chance haben wir, unsere Position auf den bestehenden Märkten zu verbessern, indem wir unsere bestehenden Kernkompetenzen besser nutzen und ausschöpfen?	*Weiße Flecken:* Welche neuen Produkte oder Dienstleistungen könnten wir schaffen, indem wir unsere Kernkompetenzen in kreativer Weise neu einsetzen oder anders kombinieren?

Bild 8: *Kompetenz-Produkt-Matrix*

2.7 Balanced Scorecard

WORUM GEHT ES?

Das Topmanagement hat in vielen Fällen ein Kommunikationsproblem: Selbst wenn es eine klare Vorstellung von der Vision und Strategie hat, mangelt es häufig daran, diese so an die Mitarbeiter weiterzugeben, dass sie stringent in der Praxis umgesetzt wird. Das Modell der Balanced Scorecard (BSC) leitet aus der Vision und Strategie bestimmte strategische Erfolgsfaktoren ab. Aus diesen resultieren dann die so genannten Leistungstreiber, die mit Messzahlen zu operationalisieren und den vier charakteristischen Perspektiven einer

BSC zuzuordnen sind: Finanzen, Kunden, Prozesse, Lernen und Entwicklung (Bild 9). Die vier Dimensionen stellen ein umfassendes Bild von finanziellen und nicht finanziellen Kennzahlen, kurz- und langfristigen Messgrößen sicher.

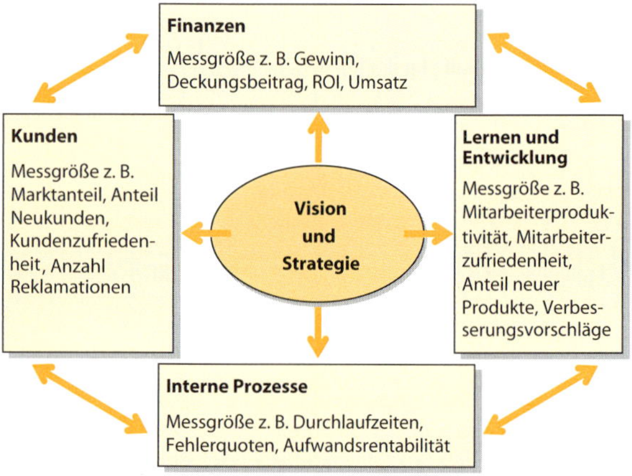

Bild 9: *Die vier Perspektiven der BSC*

WAS BRINGT ES?

Die BSC operationalisiert die Strategie eines Unternehmens, d.h. sie setzt die Strategie in Zielvorgaben für Teams und Mitarbeiter um. Damit bleibt die Strategie nicht nur eine „Richtschnur", sondern jeder Mitarbeiter wird an seinem Beitrag zur Umsetzung der Strategie beurteilt – die beste Voraussetzung zur erfolgreichen Umsetzung einer Strategie. Die vier Dimensionen verhindern bzw. vermindern Verzerrungen zwischen finanziellen und nicht finanziellen Kennzahlen und kurz- und langfristigen Zielen. Zum einen gewinnt die Strategieumsetzung damit an Breite, die für den

Erfolg wichtig ist, zum anderen reduziert sich die Gefahr einseitiger Leistungsanreize und ungewollter Fehlsteuerung.

WIE GEHE ICH VOR?

Die Einführung der BSC erfolgt in elf Schritten (Bild 10).

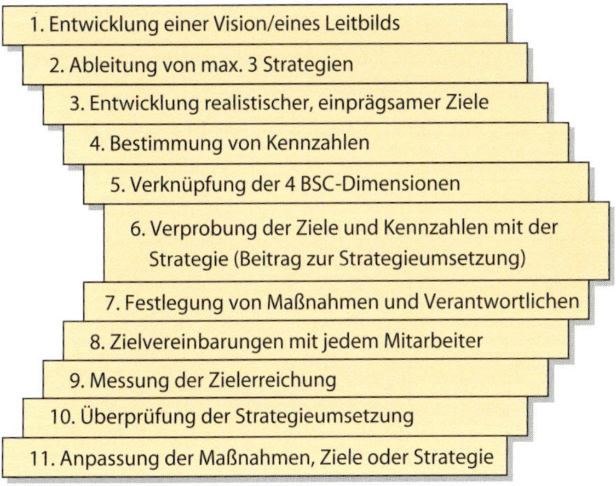

Bild 10: *Vorgehen bei der BSC-Entwicklung*

Nach Festlegung einer Vision und Ableitung einer Strategie wird diese anhand der Frage „Woran ist die Umsetzung/Erfüllung der Strategie erkennbar?“ in Ziele und Kennzahlen in den vier BSC-Dimensionen übersetzt. Empfehlenswert sind maximal drei Kennzahlen/Ziele pro Dimension (insgesamt zwölf), da mehr für den Einzelnen nicht mehr steuerbar sind.

Der Ursache-Wirkungs-Zusammenhang zwischen der strategischen Zielsetzung und der dazu passenden Kennzahl muss möglichst stark sein. Der Verzicht auf die Operationalisierung eines strategischen Ziels, weil sich keine geeignete

Kennzahl finden lässt, führt letztlich zur Bedeutungslosigkeit der strategischen Absicht. Nicht oder schwierig messbare Ziele lassen sich weder vermitteln noch planen oder steuern. Andererseits trägt nicht jedes messbare Ziel zur Umsetzung der Strategie bei!

Damit die Strategie auf allen Ebenen des Unternehmens verstanden und umgesetzt wird, müssen die gefundenen Kennzahlen in der Hierarchie heruntergebrochen und angepasst werden: „Woran ist die Erfüllung der strategischen Erfolgsfaktoren für diese Ebene/diesen Bereich erkennbar?" Dazu kann auch ein System von Balanced Scorecards entwickelt werden, das in jedem Bereich, jedem Team, bei jedem Mitarbeiter die Verständlichkeit, Beeinflussbarkeit und Messbarkeit der jeweiligen strategischen Absichten und Ziele sicherstellt.

Die Balanced Scorecard sollte als Methode zur Strategieumsetzung im gesamten Unternehmen eingesetzt werden. In der Praxis wird die BSC aber auch nur in einzelnen Unternehmensbereichen angewandt, um den praktischen Umgang in der Unternehmenssteuerung zu erlernen bzw. ausgewogene Ziele zu vereinbaren.

Kennzahlenkatalog

Im Vorfeld der BSC-Entwicklung sollte ein Kennzahlenkatalog mit allen im Unternehmen bereits vorhandenen Kennzahlen erstellt werden, um den administrativen Aufwand bei der Messung der Ziele möglichst gering zu halten.

➲ Pocket Power „Balanced Scorecard anwenden" und „TQM Scorecard".

3 Qualitätskonzepte und -methoden

3.1 Kontinuierlicher Verbesserungsprozess

WORUM GEHT ES?

Der Kontinuierliche Verbesserungsprozess (KVP) ist das Basiswerkzeug des Qualitätsmanagements und meist als Programm initiiert, um die vielen kleinen Fehler und Abweichungen im Arbeitsprozess, die Mitarbeiter an der termin-, kosten- und qualitätsgerechten Erledigung ihrer Aufgaben hindern, systematisch zu erfassen und zu beheben. Der KVP ist keine Methode, sondern eine Geschäftsführungsphilosophie zur ständigen Verbesserung, die im Wesentlichen dem japanischen Kaizen entspricht und Mitarbeiter in die Lage versetzen soll, Prozesse eigenverantwortlich zu optimieren. KVP-Kernelemente sind:

- Verbesserung und Erhaltung (bereits zur Erhaltung des Status quo bedarf es beständiger Anstrengung),
- Mitarbeiterorientierung (kompetente, kreative Mitarbeiter sind das wichtigste Kapital),
- Qualitätsorientierung (unternehmensweite Verpflichtung zur permanenten Qualitätsverbesserung),
- Prozess- und Ergebnisorientierung (Denken und Arbeiten in Prozessen, die sich an der Erfüllung der Kundeninteressen ausrichten),
- Kunden-Lieferanten-Beziehungen (externe und interne Kunden/Lieferanten) und
- in Daten sprechen (keine Vermutungen, sondern nur messbare/bewertbare Ziele führen zu Verbesserungen).

Der KVP durchläuft nach Deming vier Phasen mit 16 Detailschritten: Planung (Plan), Umsetzung (Do), Überprüfung (Check) und Verankerung (Act) von Verbesserungsmaßnahmen (Bild 11).

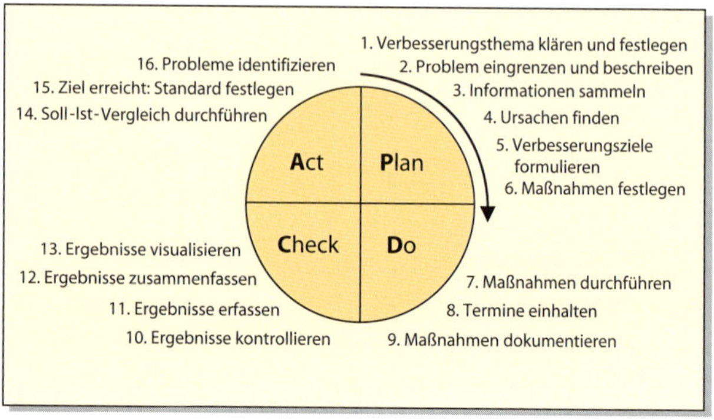

Bild 11: *KVP-/PDCA-Zyklus*

WAS BRINGT ES?

Der Nutzen eines KVP zeigt sich neben den messbaren wirtschaftlichen Effekten (kürzere Durchlaufzeit, geringere Kosten, höhere Produktivität) im Wesentlichen in den deutlich positiven Auswirkungen auf Teamfähigkeit, Zusammenarbeit, Qualität der Arbeit und Identifikation mit dem Unternehmen, den Grundlagen für organisationales Lernen (➲ Wissensmanagement).

WIE GEHE ICH VOR?

Die nachhaltige Umsetzung des KVP erfordert hohen Aufwand und vor allem Ausdauer, gilt es doch, die antrainierten und täglich eingeübten Verhaltensweisen aller Mitarbeiter zu verändern. Bei der Einführung lassen sich vier Schritte unterscheiden.

Schritt 1: Sensibilisierungsphase

In einem Orientierungsgespräch mit dem Topmanagement/den Entscheidern werden die Ziele und Vorgehensweisen des KVP erläutert, die übergeordneten KVP-Ziele (z.B. Produktivitätssteigerung von 5%) für das Unternehmen definiert und der Ressourcenbedarf und Projektplan für die Einführung genehmigt. Dabei ist Folgendes zu klären:

- Wie viel Zeit, welcher Rahmen und welche Ressourcen stehen zur Verfügung?
- Welcher Informationsstand besteht zum KVP?
- Welche Vorteile bringt der KVP im Hinblick auf die Ist-Situation und die Anforderungen an das Unternehmen?
- Welche innerbetrieblichen Erfahrungen wurden bisher mit Veränderungsprozessen gemacht?

Schritt 2: Startphase

In der Startphase wird der KVP für alle Mitarbeiter sichtbar gestartet und die Umsetzung vorbereitet.

- Feinplanung der Implementierung,
- ggf. Einbindung externer Berater,
- Kommunikationsstrategie,
- Auswahl und Training von KVP-Moderatoren,
- Einbindung des Betriebsrats und aller Führungskräfte,
- Beginn der offensiven Kommunikation zum KVP,
- Auftaktveranstaltung.

Die Auftaktveranstaltung ist eine Kombination von Informationsvermittlung und der Suche nach so genannten Verschwendungen (in Form einer Gruppenarbeit) – aus den hier identifizierten Verschwendungen sollten drei bis vier sofort beseitigt werden (Quick Wins), um die Akzeptanz des KVP und die Motivation der Mitarbeiter zur aktiven Mitwirkung sicherzustellen.

Schritt 3: Implementierungsphase
Die KVP-Philosophie und Vorgehensweise wird sukzessive in die betrieblichen Prozesse und Strukturen integriert. Es werden KVP-Gruppen gebildet, die systematisch KVP-Aktivitäten durchführen und standardisiert dokumentieren. Abhängig vom Reifegrad des Unternehmensbereichs werden

- Verschwendungssuchen (Suche nach „verschwendeter" Zeit, Ressourcen, Kapazitäten, Geld),
- Fünf-A-Aktionen (Bemühungen um Ordnung und Sauberkeit: **A**ussortieren, **A**ufräumen und gestalten, **A**rbeitsplatz sauber halten, **A**nordnungen zur Regel machen und **a**lle Punkte einhalten und ständig verbessern),
- Prozessbeschreibungen (so genannte Mappings) und/oder
- Zielvereinbarungen durchgeführt.

Daraus resultierende Maßnahmenpläne sind umzusetzen und offensiv zu kommunizieren und visualisieren. Alle Maßnahmen sind in definierten Zeitabständen zu wiederholen.

Schritt 4: Stabilisierungsphase
Der angestoßene KVP wird in dieser Phase mit einem KVP-Beauftragten und einem Moderatoren-Pool institutionalisiert. Der KVP-Beauftragte kümmert sich um die organisatorischen Rahmenbedingungen des KVP, Information und Kommunikation, das Berichtswesen und den Kontakt zu den Führungskräften. In einem kleinen Teil ihrer Arbeitszeit treiben die KVP-Moderatoren operativ den KVP. Um den „Verbesserungs-Elan" aufrechtzuerhalten, sollten alle aktiv am KVP beteiligten Mitarbeiter regelmäßig ihre Erfahrungen austauschen (z.B. in Qualitätszirkeln). Die Aufbau- und Ab-

lauforganisation ist so anzupassen, dass der KVP mit vertretbarem Aufwand an der operativen Basis zu steuern und zu dokumentieren ist. Bei der Dokumentation ist eine Bürokratisierung des KVP unbedingt zu vermeiden.

➲ Pocket Power „Der Kontinuierliche Verbesserungsprozess“.

3.2 Qualitätsmanagementsystem

WORUM GEHT ES?

Ein Qualitätsmanagementsystem (QM-System) basiert auf international anerkannten Normen wie beispielsweise der DIN EN ISO 9000:2000 ff (Bild 12). Die Nachweisnorm beschreibt die Mindestanforderungen an ein QM-System; der Leitfaden ist mit darüber hinausgehenden Informationen an das Management gerichtet.

Die Norm liefert die Kriterien zum Aufbau eines QM-Systems. Die Unternehmensabläufe werden unter Berücksichtigung der Norm in Form von Prozessbeschreibungen gestaltet bzw. angepasst. Das tägliche Arbeiten entsprechend den Beschreibungen wird als Erfüllung der Nachweisnorm angesehen. Die Einhaltung der Vorgaben wird in unternehmensinternen, kunden- oder unabhängigen Audits überprüft. Die Überprüfung durch einen unabhängigen Dritten heißt Zertifizierungsaudit; das Zertifikat bestätigt die Funktionsfähigkeit des eingeführten QM-Systems.

Die acht Grundsätze des Qualitätsmanagements bilden den Rahmen der Qualitätspolitik eines Unternehmens.

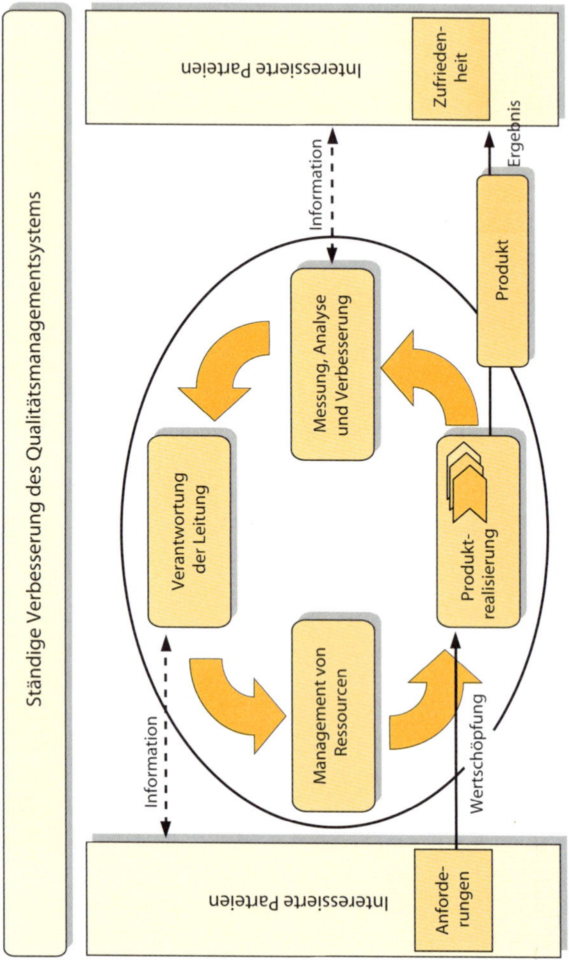

Bild 12: *Regelkreis der DIN EN ISO 9000*

8 Grundsätze des Qualitätsmanagements

1. **Kundenorientierung:** Organisationen hängen von ihren Kunden ab und sollten daher gegenwärtige und zukünftige Erfordernisse der Kunden verstehen, deren Anforderungen erfüllen und danach streben, deren Erwartungen zu übertreffen.
2. **Führung:** Führungskräfte schaffen die Übereinstimmung von Zweck und Ausrichtung der Organisation. Sie sollen das interne Umfeld schaffen und erhalten, in dem sich Personen voll und ganz für die Erreichung der Unternehmensziele einsetzen können.
3. **Einbeziehung der Personen:** Auf allen Ebenen machen Personen das Wesen einer Organisation aus. Ihre vollständige Einbeziehung ermöglicht es ihnen, ihre Fähigkeiten zum Nutzen der Organisation einzusetzen.
4. **Prozessorientierter Ansatz:** Ein erwünschtes Ergebnis lässt sich effizienter erreichen, wenn Tätigkeiten und dazugehörige Ressourcen als Prozess geleitet und gelenkt werden.
5. **Systemorientierter Managementansatz:** Das Erkennen, Verstehen, Leiten und Lenken von miteinander in Wechselbeziehungen stehenden Prozessen als System trägt zur Wirksamkeit und Effizienz der Organisation beim Erreichen ihrer Ziele bei.
6. **Ständige Verbesserung:** Die ständige Verbesserung der Gesamtleistung der Organisation stellt ein permanentes Ziel der Organisation dar (➲ KVP).
7. **Sachlicher Ansatz zur Entscheidungsfindung:** Wirksame Entscheidungen beruhen auf der Analyse von Daten und Informationen.
8. **Lieferantenbeziehung zum gegenseitigen Nutzen:** Eine Organisation und ihre Lieferanten sind voneinander abhängig. Beziehungen zum gegenseitigen Nutzen erhöhen die Wertschöpfungsfähigkeit beider Seiten.

WAS BRINGT ES?

Der Aufbau eines QM-Systems unterstützt Veränderungen in der Unternehmensausrichtung im Hinblick auf:

- Kundenorientierung mit dem Ziel der Erhöhung der Kundenzufriedenheit,
- ständige Leistungsverbesserung,
- sachgerechte und wirksame Aufbauorganisation sowie
- systematisch entwickelte und aufeinander abgestimmte, sichere und effiziente Arbeitsabläufe.

WIE GEHE ICH VOR?

Schritt 1: Aufbau des QM-Systems

Nach Kenntnis der wichtigen DIN-EN-ISO-9000-ff.-Normen und dem Beschluss zur Einführung eines QM-Systems ernennt die oberste Leitung einen QM-Beauftragten, der für die Einführung und spätere Pflege des QM-Systems verantwortlich ist, und legt die Qualitätspolitik (qualitätsbezogene Unternehmensziele) fest.

Anschließend werden die Forderungen an das QM-System aus der Norm sowie von internen und externen Stakeholdern ermittelt. An den ermittelten Forderungen sind die bislang durchgeführten qualitätsbezogenen Tätigkeiten zu messen. Es wird festgestellt,

- wie die Aufbau- und Ablauforganisation hinsichtlich QM aussieht,
- was bereits an Regelungen (Arbeitsanweisungen, Prozessbeschreibungen etc.) vorliegt,
- was an Stellen- und Tätigkeitsbeschreibungen vorliegt,
- welche Qualitätsaufzeichnungen und Dokumentationen bestehen,

- ob diese zusammengeführt, ersetzt oder als ergänzende Information in ein QM-System eingebaut werden können und inwiefern diese den Forderungen entsprechen.

Schwachstellen werden genau beschrieben, untersucht, bewertet und nach ihrer Bedeutung sortiert. Darauf basierend, werden qualitätsfördernde Maßnahmen ausgewählt.

Schritt 2: Dokumentation und Einführung des QM-Systems

Nach Festlegung des Aufbaus und Ablaufs des QM-Systems, der Prozesse, Schnittstellen und Verantwortlichen wird das QM-System dokumentiert. Zur Erfüllung der Normforderungen ist es zweckmäßig, die QM-Dokumentation in drei Ebenen zu gliedern:

- QM-Handbuch (allgemeiner Teil, Grundsätze und QM-Elemente),
- Verfahrensanweisungen zu den QM-Elementen und Prozessen (bereichsübergreifende Anweisungen),
- Arbeits- und Prüfanweisungen (genaue Anweisungen für einzelne Tätigkeiten).

Alle Verfahren und Dokumente sind den betroffenen Abteilungen zur Verfügung zu stellen und umzusetzen. Nach Projektende sind die Systempflege und die Weiterentwicklung als dauerhafter Prozess in der Organisation zu verankern sowie ein Qualitätsbeauftragter einzusetzen. Um zu überprüfen, ob die ergriffenen Maßnahmen wirksam und alle Anforderungen an das QM-System erfüllt sind, werden Bewertungen des QM-Systems, so genannte Audits, durchgeführt.

Schritt 3: Zertifizierung eines QM-Systems

Nach der erfolgreichen Einführung eines QM-Systems kommt die Zertifizierung. Zunächst schließt das Unternehmen einen Vertrag mit einer staatlich anerkannten Zertifizierungsstelle (z.B. der DQS oder dem TÜV) ab. In einem Vor-audit macht sich diese ein erstes Bild vom Unternehmen hinsichtlich des QM-Systems (Selbsteinschätzung des Unternehmens zu allen QM-Elementen und Prozessen), nimmt eine Zeitschätzung vor und legt die vereinbarte Norm DIN EN ISO 9000:2000 ff. fest. Im nächsten Schritt werden die organisatorischen und technischen Voraussetzungen für die Zertifizierung geschaffen oder vervollständigt. Dazu gehören

- die Benennung und Schulung von betriebsinternen Auditoren,
- die Aufstellung von Organisationsplänen und Stellenbeschreibungen,
- die Ermittlung von Schulungsbedarf und
- die Durchführung von entsprechenden Schulungsmaßnahmen.

Die Zertifizierung beginnt mit der Übergabe des QM-Handbuchs und ggf. weiterer Unterlagen an die Zertifizierungsstelle zur Prüfung. Das Unternehmen erhält einen Kurzbericht und bei positivem Ergebnis der Unterlagenprüfung ein Preisangebot zur Durchführung des eigentlichen Zertifizierungsaudits. Eventuelle Mängel sind selbstverständlich vor dem Zertifizierungsaudit zu beheben.

Das eigentliche Zertifizierungsaudit überprüft stichprobenartig alle QM-Elemente und Prozesse, ob die im QM-Handbuch dokumentierten Verfahren auch tatsächlich praktisch angewendet werden. Mit einer umfangreichen Auditfragenliste werden die Forderungen der Norm überprüft und eventuelle Schwachstellen in Abweichungsberichten festgehalten. Kritische Abweichungen sind vor Erteilung des Zertifikats zu beheben; nicht kritische Fehler müssen innerhalb von sechs Monaten korrigiert werden. Nach positivem Abschluss wird das Zertifikat mit einer Gültigkeitsdauer von drei Jahren erteilt. Mindestens einmal jährlich ist ein Überwachungsaudit mit positivem Ergebnis durchzuführen. Vor Ablauf der Gültigkeitsdauer ist ein Wiederholungs-/Reaudit zur Verlängerung der Gültigkeitsdauer um weitere drei Jahre erforderlich, bei dem die Wirksamkeit des gesamten QM-Systems nochmals stichprobenartig geprüft wird.

➲ Pocket Power „DIN EN ISO 9000:2000 ff. umsetzen“.

3.3 Total Quality Management

WORUM GEHT ES?

Total Quality Management (TQM) geht auf den 1961 entwickelten Total Quality Control-Ansatz (TQC) des Amerikaners Feigenbaum zurück. Darauf aufbauend, entwickelte der Japaner Ishikawa das Company-Wide Quality Control-Konzept (CWQC), das den TQC-Ansatz um die verstärkte Einbindung der Mitarbeiter und der Gesellschaft auf allen Ebenen des Unternehmens ergänzt. TQM erweitert wiederum den CWQC-Ansatz durch Ausrichtung der Unternehmensphilosophie auf Qualität und Einbindung des Unternehmensumfelds. TQM stellt Qualität in den Mittelpunkt und erzielt durch Zufriedenstellen der Kunden einen langfristigen Geschäftserfolg. Die drei Bestandteile der Bezeichnung TQM sind gleich gewichtet:

Total (umfassender Charakter)

- partnerschaftliche Kommunikation mit dem Kunden (Kundenorientierung),

- Einbeziehung aller Unternehmensangehörigen (Mitarbeiterorientierung),
- bereichs- und funktionsübergreifend,
- Öffentlichkeitsarbeit (Gesellschafts- und Umweltorientierung).

Quality (Qualität)
- des Unternehmens,
- der Prozesse,
- der Arbeit,
- der Produkte.

Management (im Sinne von Führung)
- Führungsqualität (Vorbildfunktion),
- Qualitätspolitik und -ziele,
- Team- und Lernfähigkeit,
- Beharrlichkeit.

WAS BRINGT ES?

TQM ist das umfassendste Qualitätskonzept bzw. die Qualitätsstrategie. TQM erzielt nachhaltige Qualitätsverbesserungen in den Produkten/Dienstleistungen sowie deutliche Kostensenkungen in den Prozessen – allerdings stellt sich der Erfolg nur langfristig ein.

WIE GEHE ICH VOR?

TQM wird insbesondere anhand so genannter Qualitätspreismodelle wie des ➲ EFQM-Modells für Excellence umgesetzt.

➲ Pocket Power „Total Quality Management“, „TQM Scorecard“ und „TQM-gerechtes Controlling“.

3.4 EFQM-Modell für Excellence

WORUM GEHT ES?

Total Quality Management wird als Weiterentwicklung eines Qualitätsmanagementsystems, basierend auf einer Nachweisnorm wie z.B. DIN EN ISO 9000:2000 ff., verfolgt. Aufbauend auf sicheren und effizienten Prozessen, geht es im TQM um exzellente Leistungen und Kosteneinsparungen. Mit anderen Worten: Ohne QM-System kein TQM!

TQM wird insbesondere anhand so genannter Qualitätspreismodelle wie des EFQM-Modells für Excellence umgesetzt (Bild 13). Die Verbreitung der TQM-Philosophie führte Ende der 80er Jahre zur Gründung der European Foundation for Quality Management (EFQM), die jährlich den European Quality Award (EQA) vergibt. Nationale Partnerorganisation der EFQM ist die Deutsche Gesellschaft für Qualität e. V., die in Anlehnung an den europäischen Qualitätspreis den Ludwig-Erhard-Preis verleiht.

Das EFQM-Modell umfasst neun gewichtete Kriterien in zwei Gruppen: **Enablers** und **Results**. Die Befähigerkriterien (Enablers) sind Stellhebel zur Verwirklichung von TQM und besagen, wie man die Dinge tut. Befähiger-Unterkriterien sind so genannte Frühindikatoren. Die Ergebniskriterien (Results) sind auf die „Befähiger" zurückzuführende Kenngrößen für den Unternehmenserfolg und besagen, welche Leistung eine Organisation erzielt. Ergebnis-Unterkriterien sind so genannte Spätindikatoren (Tabelle 3).

Enablers (Befähiger)	
1. Führung	a) sichtbares Engagement und Vorbildfunktion in Bezug auf umfassende Qualität b) Nachweis einer beständigen TQM-Kultur c) rechtzeitiges Anerkennen und Würdigen der Anstrengungen und Erfolge von Einzelpersonen und Teams d) Förderung von TQM durch Bereitstellung geeigneter Ressourcen und Unterstützungen e) Engagement für umfassende Qualität bei Kunden und Lieferanten f) aktive Förderung von umfassender Qualität außerhalb des Unternehmens
2. Politik und Strategie	a) Aufbau von Politik und Strategie auf dem Konzept der umfassenden Qualität b) Festlegung der Politik und Strategie aufgrund von relevanten und umfassenden Informationen c) Umsetzung der Politik und Strategie in der gesamten Organisation d) Bekanntmachung der Politik und Strategie – intern und extern e) Aktualisierung und regelmäßige Verbesserung der Politik und Strategie

Enablers (Befähiger)	
3. Mitarbeiterorientierung	a) Planung und Verbesserung der Mitarbeiterressourcen b) Erhalt und Weiterentwicklung der Kompetenzen und Fähigkeiten der Mitarbeiter durch Personalplanung, -auswahl und -entwicklung c) Vereinbarung der Ziele mit Mitarbeitern und Teams und ständige Überprüfung der Leistungen d) Förderung der Beteiligung aller Mitarbeiter am Prozess der ständigen Verbesserung und Autorisierung der Mitarbeiter, selbst zu handeln e) Art und Weise einer wirksamen Kommunikation über Hierarchieebenen hinweg von oben nach unten sowie umgekehrt und horizontal
4. Ressourcen	a) Management der finanziellen Ressourcen b) Management der Informationsressourcen c) Umgang mit Lieferanten, Materialien, Gebäuden und Ausrüstungsgütern d) Anwendung von Technologie
5. Prozesse	a) Identifikation der für den Unternehmenserfolg wesentlichen Prozesse b) systematische Führung der Prozesse durch das Unternehmen c) Überprüfung der Prozesse und Setzen von Verbesserungszielen d) Anregung von Innovation und Kreativität bei der Prozessverbesserung e) Umsetzung von Prozessveränderungen und Bewertung des Nutzens

Results (Ergebnisse)	
6. Kundenzufriedenheit	a) Beurteilung der Produkte, Dienstleistungen und Kundenbeziehungen durch die Kunden b) Entwicklung zusätzlicher Messgrößen zur Kundenzufriedenheit
7. Mitarbeiterzufriedenheit	a) Beurteilung des Unternehmens durch die Mitarbeiter b) Entwicklung zusätzlicher Messgrößen zur Mitarbeiterzufriedenheit
8. Gesellschaftliche Verantwortung/Image	a) wie die Gesellschaft als Ganzes die Auswirkungen des Unternehmens auf das Umfeld wahrnimmt b) Entwicklung zusätzlicher Messgrößen, die die Zufriedenheit der Gesellschaft mit dem Unternehmen beschreiben
9. Geschäftsergebnisse	a) finanzielle Messgrößen und b) nicht finanzielle Messgrößen für die Messung des Unternehmenserfolges

Tab. 3: *Befähiger- und Ergebniskriterien des EQA*

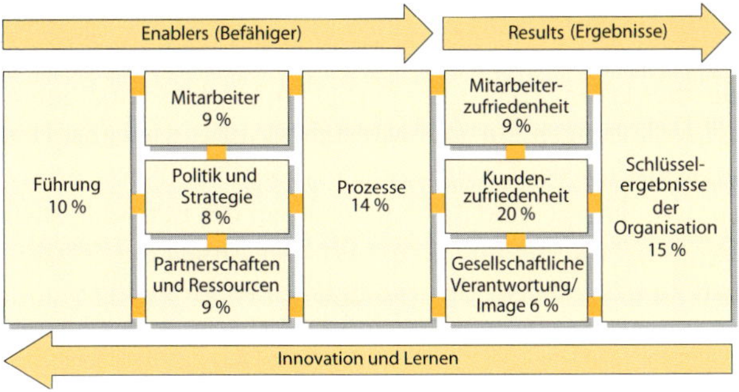

Bild 13: *EFQM-Modell für Excellence*

WAS BRINGT ES?

Die systematische Umsetzung des EFQM-Modells

- gibt Anstöße zu strukturierten und geplanten Verbesserungsaktivitäten im Unternehmen,
- führt zu einer systematischen, auf Fakten basierten Bewertung der Strukturen,
- führt zu reproduzierbaren Ergebnissen und damit zu stabiler Qualität.

Nach einer Selbstbewertung erhält man einen Punktwert zwischen null und 1.000, der das Leistungsfähigkeitsniveau der Organisation beschreibt sowie eine strukturierte Liste von Stärken und Verbesserungspotenzialen. Die ermittelte Punktzahl ist mit der anderer Organisationen vergleichbar und stellt somit eine Benchmark dar. Die Selbstbewertung ist darüber hinaus notwendige Voraussetzung für die Bewerbung um den European Quality Award.

WIE GEHE ICH VOR?

Die Umsetzung des EFQM-Modells erfolgt durch die Selbstbewertung (Self-Assessment) vorhandener organisatorischer Lösungen. In der Selbstbewertung wird die Leistungsfähigkeit des Unternehmens in den bereits beschriebenen neun Haupt- und 32 Unterkriterien des EFQM-Modells gemessen, bewertet und verbessert. Der Ansatz der Selbstbewertung bietet jedem Unternehmen einen großen Freiraum, individuelle Ansätze zur Erfüllung der Kriterien zu finden.

Abgefragt und bewertet wird der Nachweis für ein fundiertes Vorgehen entsprechend der RADAR-Logik.

1. **Results:** In der Selbstbewertung beschäftigt sich die Organisation zunächst mit den Ergebnissen ihres Handelns und bewertet diese anhand der vier Ergebniskriterien des EQA.
2. **Approach:** Anschließend werden anhand der Befähigerkriterien Ansätze zur Verbesserung der betrachteten Ergebnisse gesucht.
3. **Deployment:** Die gefundenen Ansätze werden systematisch in die Strukturen der Organisation überführt und umgesetzt.
4. **Assessment & Review:** Abschließend wird die Wirksamkeit der veränderten Strukturen und Prozesse überprüft und bewertet. Sollten sich bereits an dieser Stelle Verbesserungspotenziale zeigen, werden entsprechende Maßnahmen eingeleitet.

Erweisen sich die verbesserten Strukturen und Prozesse als tragfähig, beginnt ein neuer RADAR-Zyklus, der die Ergebnisse bewertet und weitere Ansätze zur Verbesserung ableitet.

Ablauf einer Selbstbewertung:

Schritt 1: Vorbereitungen treffen

Wichtigste Voraussetzung für eine erfolgreiche Selbstbewertung sind der Auftrag, mindestens aber das Einverständnis und die aktive Einbindung der obersten Leitung, die Bereitstellung der notwendigen Ressourcen und die aktive Beteiligung aller Kernbereiche des Unternehmens. Des Weiteren sind alle Mitarbeiter über die Zielsetzung, die Vorgehensweise und die Konsequenzen der Selbstbewertung umfassend zu informieren.

Schritt 2: Informationen beschaffen

Mitarbeiter aus unterschiedlichen Unternehmensbereichen bilden ein Assessorenteam, das gezielt Informationen und vor allem Nachweise/Dokumentationen über einzelne Aktivitäten des Unternehmens zusammenträgt und entsprechend den Unterkriterien des EFQM-Modells sortiert und aufbereitet. Sinnvoll ist ein Team je Hauptkriterium (also neun Teams), das durch Fragebögen, Workshops, die Simulation einer Bewerbung um den EQA oder durch Interviews alle Informationen beschafft.

Schritt 3: Stärken und Verbesserungspotenziale identifizieren

Jeder Assessor bewertet für sich allein die strukturierten und aufbereiteten Informationen und ordnet sie Stärken oder Verbesserungspotenzialen zu.

Schritt 4: Punktbewertung durchführen

Jeder Assessor beurteilt nun die Stärken und Verbesserungspotenziale der 32 Unterkriterien anhand des RADAR-Konzepts. Im Ergebnis liegen zwei Bewertungsmatrizen vor (eine für die Befähiger- und eine für die Ergebniskriterien) sowie eine Punktzahl zwischen null und 1.000 als Gesamtergebnis.

Schritt 5: Konsensmeeting abhalten

Die Assessoren leiten nun ihre Bewertungstabellen an den leitenden Assessor weiter, der die Ergebnisse zusammenführt, Mittelwerte bildet und Übereinstimmungen sowie Abweichungen identifiziert. Weichen einzelne Bewertungen um mehr als 25% voneinander ab, findet ein Konsensmeeting statt. Jeder Assessor bewertet anschließend erneut das diskutierte Unterkriterium. Sollten die Ergebnisse wieder um mehr als 25% differieren, entscheidet der leitende Assessor abschließend über das Bewertungsergebnis.

Schritt 6: Audit/Firmenbesuch durchführen

Das Team überzeugt sich anschließend gezielt vom Nachweis oder der Wirksamkeit des Ansatzes vor Ort. Es steht dem Team frei, welche Mitarbeiter angesprochen, welche Bereiche hinterfragt oder welche Dokumente analysiert werden. Der Firmenbesuch muss allerdings mit der Geschäftsführung abgestimmt und grob vorstrukturiert sein. Sollte sich der Eindruck vor Ort nicht mit dem Ergebnis der Bewertung decken, so ist die Bewertung entsprechend anzupassen.

Schritt 7: Feedbackbericht erstellen

Hat sich das Team auf eine abschließende Bewertung geeinigt, wird die Liste der Stärken und Verbesserungspotenziale in einem Feedbackbericht konkretisiert. Der Bericht enthält lediglich Feststellungen – keine wertenden oder beratenden Formulierungen – und wird der Geschäftsführung übergeben.

Schritt 8: Aktionsplan erstellen und Mitarbeiter integrieren

Auf Basis des Feedbackberichts werden Verbesserungsmaßnahmen abgeleitet und bis zur nächsten Selbstbewertung umgesetzt.

➲ Pocket Power „European Quality Award“ und „Leitfaden zur Excellence“.

3.5 Six Sigma

WORUM GEHT ES?

Six Sigma wurde in den 80er Jahren von Motorola entwickelt und schafft die Verbindung zwischen Qualitätsverbesserung und Kostensenkung: Das Vermeiden von Fehlern senkt Produktionszeiten und damit -kosten und erhöht gleichzeitig die Qualität und Kundenzufriedenheit. Fehler, d.h. die Nichterfüllung von Kundenerwartungen/-erfordernissen, werden durch Schaffung effektiver und effizienter Prozesse vermieden (➲ Prozessmanagement).

Es gibt sechs Sigma-Niveaus, die sich aus der Anzahl der Fehler im Prozess ermitteln (Bild 14). Das Sigma-Niveau gibt an, wie wahrscheinlich das Auftreten eines Fehlers ist. Eine Prozessleistung entspricht 6 σ, wenn in einer Million Möglichkeiten nur 3,4 Fehler auftreten (FpMM – Fehler pro Million Möglichkeiten). Six Sigma ist Weltklasse, Four Sigma entspricht dem Industriedurchschnitt, Two Sigma und niedriger gelten als nicht wettbewerbsfähig.

Sigma Wert	Fehler pro 1 Mio. Produkte/ Prozesse	Ausbeute an fehlerfreien Produkten/ Prozessen	Fehlerkosten in % vom Umsatz
6 Sigma	3,4	99,99966 %	< 10 %
5 Sigma	233	99,98 %	10–15 %
4 Sigma	6.210	99,4 %	15–20 %
3 Sigma	66.807	93,3 %	20–30 %
2 Sigma	308.537	69,2 %	30–40 %
1 Sigma	690.000	31 %	

Bild 14: *Six Sigma-Niveaus (vgl. Möller/Noller 2002)*

Bei einer Six Sigma-Initiative gibt es vier spezifische Rollen mit folgenden Verantwortlichkeiten:

- Champion/Sponsor: Six Sigma-Vision und Umsetzungsplan, Durchführen der Durchbruchstrategie, Projektauswahl, Ressourcenallokation, Gewinnfeststellung, Anerkennung der Mitarbeiter.
- Master Black Belt: Partner der Champions und Coachs/ Trainer für die Black Belts, Prozessverantwortliche für Statistik, Veränderungsmanagement und Prozessgestaltung.
- Black Belt: Teamleiter mit unmittelbarer Verantwortung für ein Six Sigma-Projekt.
- Green Belt: Teammitglied der Black Belts oder in Teilzeit eigene Verantwortung für ein Six Sigma-Projekt.

WAS BRINGT ES?

Six Sigma verbessert in erster Linie die Prozessleistung (weniger Fehler, geringere Durchlaufzeiten, weniger Prozessvariationen) und erreicht dadurch Kostensenkungen und

Umsatzzuwächse, die letztlich den Gewinn des Unternehmens steigern.

WIE GEHE ICH VOR?

Schritt 1: Entdecken

- Bedarf nach Six Sigma erkennen,
- Überzeugung und Auftrag der obersten Leitung.

Schritt 2: Entscheiden

- Ernennen des Leiters der Six Sigma-Initiative,
- Aufbau einer Six Sigma-/Qualitäts-Unternehmensphilosophie und -kultur,
- Festlegung der Zielrichtung: Unternehmenskulturwandel in Richtung Kundenorientierung als oberste Maxime oder strategische Verbesserungen hinsichtlich strategischer oder operativer Schwächen oder Behebung gravierender operationaler Probleme in bestimmten Unternehmensbereichen,
- Festschreibung der Qualitäts- und Kundenzufriedenheitsziele in der Vision des Unternehmens,
- Entwicklung aussagekräftiger Ziele für alle Ebenen.

Schritt 3: Organisieren

- Festlegung des Umfangs und des Zeitplans,
- Festlegung des Schwerpunkts der Six Sigma-Initiative (Fokussierung auf Projektkostenersparnis oder Produkte/Prozesse/Probleme oder geografische Standorte oder Design for Six Sigma oder Lieferanten/Kunden),
- Training des oberen Führungsteams und der Champions.

Schritt 4: Initialisieren

- Festlegung, in welchen Bereichen die Einführung beginnt – man wählt dazu Bereiche, wo die Notwendigkeit

am größten sowie die Wirkung am höchsten ist und am schnellsten sichtbar wird,
- Planung der Metriken und Methoden,
- Ressourcenplanung,
- Ausbildungsplanung,
- Auswahl qualifizierter Mitarbeiter, die künftig als Black Belts für einen Vollzeiteinsatz zur Verfügung stehen,
- Prozess- und Projektauswahl.

Kriterien für die Prozessauswahl

Zunächst werden die Kernprozesse des Unternehmens definiert, um anhand dieser geeignete Projekte auszuwählen. Projekte müssen sich immer auf Prozessverbesserungen beziehen, die einen unmittelbaren Mehrwert für Kunden und die Rentabilität der Organisation schaffen. Der betrachtete Kernprozess muss also
- auf den Kernkompetenzen des Unternehmens beruhen (➲ Kernkompetenzmodell),
- erheblichen Einfluss auf die Erreichung strategischer Ziele haben,
- wichtig für den Kunden sein und
- hohe finanzielle Wirkungen haben.

Schritt 5: Ausbilden und Einsetzen
- Training der Black Belts,
- aktive Vermarktung der Initiative,
- Projekte durchführen,
- erste Ergebnisse realisieren, kommunizieren und nachhaltig sichern/institutionalisieren.

Schritt 6: Leistung bestimmen
- Projektergebnis/Prozessleistung anhand des Maßes FpMM beurteilen,

- langfristiges, realistisches, glaubwürdiges und ambitioniertes Ziel für die Six Sigma-Initiative setzen (ausgedrückt in FpMM/Six Sigma-Niveau und einer jährlichen Verbesserungsquote).

Schritt 7: Erhalten und Erweitern

- Training der Green Belts,
- regelmäßige Messung und Veröffentlichung der Zielerreichung,
- Ausdauer zeigen (➲ Kontinuierlicher Verbesserungsprozess),
- Ausdehnung des Wirkungsbereichs der Initiative.

➲ Pocket Power „Six Sigma".

3.6 Reifegradmodelle

WORUM GEHT ES?

Reifegradmodelle basieren auf der Annahme: Je höher der Reifegrad der Prozesse, desto höher ist die Produktivität des Unternehmens und letztlich die Qualität der Produkte/Dienstleistungen. Sie beschreiben den Reifegrad von Prozessen (➲ Prozessmanagement) und Unternehmen. Die verschiedenen Modelle sind im Grunde genommen ein Rahmenwerk, das die Schlüsselelemente eines effektiven und effizienten Prozesses auf meist fünf Reifegradstufen (maturity levels) darstellt. Mit zunehmendem Reifegrad steigen die Produktivität und Qualität und sinken die Risiken im Unternehmen (Bild 15).

Prozesse der Reifestufe 1 sind nicht festgelegt (dadurch nicht wiederholbar), sondern laufen jedes Mal spontan und unterschiedlich ab. Die Einhaltung von Budgets und Zeitplänen spielt eine untergeordnete Rolle. Erfolg hängt von der Kompetenz des Einzelnen ab und ist eher zufälliger Natur. Im Reifegrad 2 sind Prozesse beschrieben, Zeitpläne, Budgets und Ergebnisse werden „controlled", Zielvereinbarungen werden getroffen und Lieferanten gezielt gesteuert. Die Qualität von Standardprozessen ist wiederholbar. Unternehmen mit dem Reifegrad 3 verfügen über ein etabliertes Prozessmanagement. Prozesse mit Reifegrad 4 haben eine planbare hohe Qualität, die Prozessgüte wird regelmäßig gemessen. Der höchste Reifegrad 5 ist gekennzeichnet durch kontinuierliche Prozessverbesserungen (➲ KVP).

Beispiele für Reifegradmodelle

Die bekanntesten Modelle kommen aus der Software-Entwicklung wie beispielsweise CMM (Capability Maturity Model) oder SPICE (Software Process Improvement and Capability dEtermination). Darauf basierend, wurde z.B. das Knowledge Management Maturity Model (KMMM®) entwickelt, das den Reifegrad von Wissensmanagementaktivitäten beschreibt.

Produktivität und Qualität

Reifegrad	Merkmal
5 Optimierend (Optimizing)	Kontinuierliche Prozessverbesserungen
4 Geführt (Managed)	Qualitätsplanung und Prozessmessung
3 Definiert (Defined)	Prozessmanagement
2 Wiederholbar (Repeatable)	Prozessbeschreibungen
1 Ad hoc (Initial)	Zufälligkeit

Risiken

Bild 15: *Reifegradstufen*

WAS BRINGT ES?

Bei der Bestimmung des Reifegrads werden Schwachstellen systematisch erhoben und analysiert – der Einsatz von Instrumenten und Methoden zur Qualitätsverbesserung kann dadurch zielgerichteter und optimal am Bedarf orientiert erfolgen. Das Reifegradmodell bietet auch ein Rahmenwerk zur systematischen Organisationsentwicklung.

WIE GEHE ICH VOR?

Reifegradmodelle bestehen in der Regel aus einem Analyse- und Entwicklungsmodell: Das Analysemodell zeigt die Gestaltungsfelder und Schwachstellen auf, das Entwicklungsmodell liefert Hinweise, wie die jeweiligen Felder sinnvoll auf die nächste Reifestufe entwickelt werden können. Im KMMM® werden z.B. folgende Felder analysiert:

- Wissensziele, Strategie,
- Prozesse, Rollen, Organisation,
- Technik, Infrastruktur,
- Wissensstrukturen, Wissensinhalte,
- Führung, Unterstützung,
- Zusammenarbeit, Kultur,
- Mitarbeiter, Kompetenzen,
- Unternehmensumwelt, Partnerschaften.

Für jedes Feld sind auf jeder Reifestufe andere Anforderungen formuliert, deren Erfüllungsgrad in Assessments bewertet wird. Bei der Beurteilung wird stufenweise vorgegangen: Zunächst werden nur die Kriterien des Reifegrads 2 geprüft. Prozesse bzw. Unternehmen, die hier nicht bestehen, haben Reifegrad 1. Bei Bestehen des Reifegrads 2 werden zusätzlich die Kriterien für Reifegrad 3 beurteilt usw.

3.7 Total Productive Management

WORUM GEHT ES?

Total Productive Management (TPM) wird ausschließlich in Produktionsunternehmen genutzt und betrachtet das Zusammenspiel zwischen Mensch, Anlage und Arbeitsumfeld. Dabei geht es neben dem Instandhalten einer einzelnen Maschine vor allem um geringe Rüst- und Einrichtzeiten, hohe Prozesssicherheit und hohe Bedien- und Instandhaltungsfreundlichkeit der gesamten Anlage.

Das Maß für das Funktionieren einer Produktionsanlage ist die Gesamtanlageneffektivität/Overall Equipment Effectiveness (O.E.E.), die sich aus dem Gesamtnutzungs-, Leistungs- und Qualitätsgrad errechnet. Um die Gesamtanlageneffektivität zu steigern, müssen die Verlustquellen minimiert werden.

WAS BRINGT ES?

TPM dient der effektiven Nutzung von Produktionsanlagen. Das bedeutet, dass Produktionsanlagen störungsfrei laufen und fehlerfreie Produkte produziert werden können.

WIE GEHE ICH VOR?

TPM basiert auf fünf Säulen, die jeweils ein spezielles Teilziel verfolgen.

Erste Säule: Beseitigung von Schwerpunktproblemen

Die erste Säule dient der Verminderung von Effektivitätsverlusten in Schwerpunktbereichen. Dies ist kein einmaliger Prozess, sondern Teil der ständigen Verbesserung (➲ Kontinuierlicher Verbesserungsprozess). Zunächst geht es darum, die Verlustquellen mit dem größten Einfluss auf die Anlageneffektivität zu ermitteln, z.B. anhand von Störungsprotokollen. Die sechs großen Verlustquellen sind

- Anlagenausfälle,
- Rüst- und Einrichtverluste,
- Leerlauf und Kurzstillstände,
- verringerte Taktgeschwindigkeit,
- Anlaufschwierigkeiten und
- Qualitätsverluste.

Ein Verbesserungsteam, bestehend aus Vertretern der Bereiche Produktion, Instandhaltung und Qualitätswesen, analysiert die Verlust-/Fehlerursachen und legt Maßnahmen und Verantwortliche fest.

Zweite Säule: Autonome Instandhaltung

Die zweite Säule bedeutet, dass die Produktionsmitarbeiter die Instandhaltungsmaßnahmen teilweise eigenständig durchführen; komplizierte Reparaturen werden weiterhin durch die Instandhaltungsabteilung durchgeführt. Zielsetzung ist einerseits die Auseinandersetzung mit den Funktionsweisen der Anlagen und andererseits die wirkungsvolle Verteilung der notwendigen Instandhaltungsmaßnahmen. Die Mitarbeiter in der Produktion können dadurch Störungen bereits im Vorfeld erkennen und ungeplante Stillstände vermeiden.

Dritte Säule: Geplantes Instandhaltungsprogramm

In der dritten Säule geht es um die systematische Durchführung von Instandhaltungsmaßnahmen, die einen stabilen Fertigungsprozess sicherstellen – d.h. die Anlagen so zu warten, dass keine ungeplanten Stillstände eintreten. Dafür wird zunächst der Instandhaltungsaufwand der einzelnen Anlagen ermittelt und priorisiert. Auf dieser Basis werden die

Schwachstellen beseitigt und ein Informations-, Planungs- und Steuerungssystem (IPS-System) geschaffen, das Auskunft über Störungsschwerpunkte und -entwicklungen, Instandhaltungsaufwände etc. sowie die geplanten Maßnahmen und deren Umsetzungsstand gibt. Des Weiteren beinhaltet das Programm Maßnahmen zur Steigerung der Qualität und Produktivität der Fertigungsprozesse.

Vierte Säule: Instandhaltungsprävention

Mit der vierten Säule des TPM werden die Instandhaltbarkeit, Zugänglichkeit und Bedienungsfreundlichkeit der Anlage bereits in der Planungs- und Beschaffungsphase berücksichtigt, um Fehler frühzeitig zu erkennen und zu vermeiden. Instandhaltungs- und bedienungsgerechte Anlagen stimmen in hohem Maße mit den Anforderungen der Produktionsmitarbeiter überein und erzielen deshalb eine sehr hohe Effektivität. Diese Phase beginnt mit der Entwicklung fertigungsgerechter Produkte, die später mit der Anlage gefertigt werden sollen. Hier werden größtenteils bereits die Herstellungsprozesse und Rahmenbedingungen für das System Mensch-Anlage-Umfeld festgelegt. Bei der anschließenden Erstellung des Anlagenkonzepts werden neben traditionellen Kriterien wie Maschinenkapazität und Taktgeschwindigkeit auch die Anlagenzuverlässigkeit, Bedien- und Instandhaltbarkeit, Prozessfähigkeit und Lebenszykluskosten berücksichtigt. In der Herstellungs- und Installationsphase lernen die Mitarbeiter „ihre“ Anlage bereits kennen und überprüfen sie auf Instandhaltbarkeit. Durch die frühzeitige Fehlererkennung gelingt es, die Anlaufphase, also die Zeit zwischen Inbetriebnahme und stabiler Serienfertigung, zu verkürzen. In der Betriebsphase bedeutet Instandhaltungsprävention,

Informationen, Erfahrungen und Verbesserungsvorschläge an die Anlagenplanung und -konstruktion zu melden.

Fünfte Säule: Schulung und Training

In Schulungen und Trainings erlernen Mitarbeiter die Grundlagen von TPM und Kenntnisse zur Umsetzung. Dazu gehören

- Bewusstsein (vorbehaltloses Bekenntnis der Unternehmensführung zu TPM),
- TPM-Grundlagen,
- TPM-Werkzeuge,
- Kommunikationstechniken,
- autonome Instandhaltung,
- geplante Instandhaltung und
- Fertigungskenntnisse.

➲ Pocket Power „Total Productive Management“.

4 Personalkonzepte und -methoden

4.1 Management by Objectives

WORUM GEHT ES?

Führen durch Zielvereinbarung ist eines der bekanntesten Führungsmodelle in der betrieblichen Praxis. Es wurde in der angloamerikanischen Führungspraxis entwickelt und geht auf die theoretischen Arbeiten von Peter F. Drucker, Douglas M. McGregor und George S. Odiorne zurück.

Durch eine gemeinsame Vereinbarung von Zielen zwischen Mitarbeiter und Führungskraft wird dem Mitarbeiter die Möglichkeit zur Mitwirkung an der Zielerreichung des Unternehmens gegeben. Die Instrumente bzw. der Weg der Zielerreichung wird bewusst in den Ermessensspielraum des Mitarbeiters gelegt. Häufig wird diese Methode angewandt, um leistungsbezogene Gehaltsbestandteile je nach Zielerreichung des einzelnen Mitarbeiters zu vergüten.

WAS BRINGT ES?

Führen durch Zielvereinbarung klärt, welche Aufgaben der Mitarbeiter hat und welche Ziele und Erwartungen damit verbunden sind. Die Bewertungskriterien werden festgelegt und im Anschluss an den Beurteilungszeitraum wird besprochen, wie die Ziele erreicht wurden. Daraus lassen sich Stärken und Schwächen des Mitarbeiters sowie Entwicklungsfelder und -maßnahmen ableiten.

Das Unternehmen verspricht sich dadurch eine stärkere Identifikation der Mitarbeiter mit den Unternehmenszielen, da die Ziele gemeinsam vereinbart werden und somit verbindlicher sind. Weitere Vorteile sind die höhere Motivation und Ergebnisorientierung der Mitarbeiter, da ihr eigener Zielbeitrag formuliert und festgelegt ist.

WIE GEHE ICH VOR?

Beim Management by Objectives geht es darum, einerseits auf den abgeschlossenen Beurteilungszeitraum zurückzublicken sowie für die Zukunft neue Ziele und Entwicklungsmaßnahmen zu vereinbaren (Bild 16).

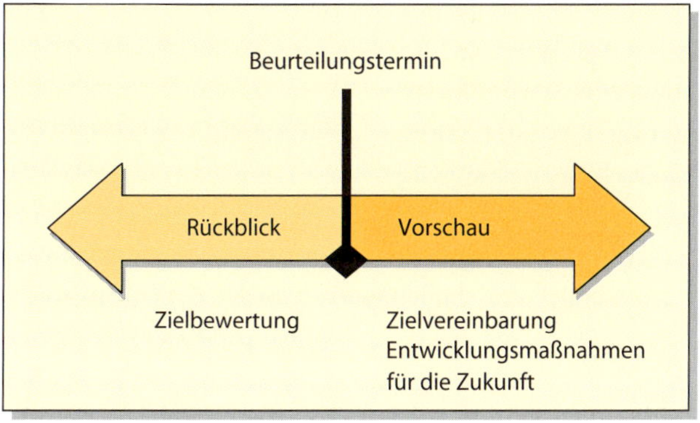

Bild 16: *Komponenten des Management by Objectives*

Checkliste zur Zielvereinbarung:

- Ableitung der Ziele des Mitarbeiters aus den Unternehmenszielen.
- Konkrete Formulierung der Ziele anhand der „SMART-Methode": **S**pezifiziert, **M**essbar, **A**ttraktiv, **R**ealistisch und **T**erminiert.
- Berücksichtigung, ob sich der Mitarbeiter in Einarbeitung befindet oder nicht – je erfahrener ein Mitarbeiter ist, desto anspruchsvoller kann ein Ziel sein.

- Vereinbarung von aufgabenbezogenen Zielen und Verhaltenszielen.
- Zeitnahes Anpassen der Ziele bei Zielveränderungen (z. B. wenn sich ein Ziel im Laufe der Zeit aufgrund der Änderungen im Marktumfeld als unrealistisch herausstellt).

Beispiele für Zielvereinbarungen

Ziele aus dem Vertriebsbereich: Steigerung des Umsatzes um 5 % im Vergleich zum Vorjahreszeitraum bis zum 31. 12. (aufgabenbezogenes Ziel). Konsequente Umsetzung der definierten Servicestandards (Verhaltensziel).
Ziel aus dem Backoffice-Bereich: Bearbeitung jeder eingehenden Bestellanforderung innerhalb 24 Stunden (aufgabenbezogenes Ziel).

Checkliste zur Zielerreichung:

- Mitarbeiter und Führungskraft machen sich im Vorfeld über die Zielerreichung Gedanken und belegen dies anhand konkreter Beispiele.
- Nicht nur das erreichte Ergebnis, sondern z. B. auch der gezeigte Einsatz des Mitarbeiters sollten bewertet werden. Neben der Bewertung muss auch analysiert werden, wieso ein Ziel nicht erreicht wurde. Lag es am Wissen und Können des Mitarbeiters oder an zu hoch gesteckten Zielen oder veränderten Rahmenbedingungen? Daraus werden Entwicklungsmaßnahmen bzw. Anpassungen bei künftigen Zielvereinbarungen abgeleitet.

Auch wenn Management by Objectives in vielen Unternehmen im Einsatz ist, führen Experten einige Hürden und Risiken auf:

- Die einzelnen Ziele der Mitarbeiter ergeben in Summe nicht 100% des Unternehmenserfolges. So können z.B. alle Mitarbeiter eines Vertriebsbereiches den Umsatz um 10% steigern – steigende Lohnkosten, Fixkosten usw. können trotzdem dazu führen, dass der Unternehmenserfolg niedriger ausfällt.
- Wenn Gehaltsbestandteile an die Zielerreichung gekoppelt sind, besteht die Gefahr, dass Ziele absichtlich so formuliert werden, dass sie erreichbar sind.
- Ziele sind aufgrund unterschiedlicher Marktgegebenheiten oder Zusatzaufgaben über verschiedene Einheiten im Unternehmen schwer vergleichbar.
- Wird eine Beurteilungsskala (z.B. analog einem Schulnotensystem) zur Zielbewertung verwendet, verschiebt sich diese im Zeitablauf immer zum Maximalwert – dies bedeutet, dass Beurteilungsskalen in regelmäßigen Abständen wieder geändert werden müssen.
- Die scheinbare Objektivität durch eine Beurteilungsskala ist aufgrund der unterschiedlichen Beurteiler nicht gegeben – jede Führungskraft beurteilt z.B. Rahmenbedingungen anders.
- Häufig handelt es sich nicht um Zielvereinbarungen, sondern um reine Zielvorgaben seitens der Führungskraft. Dies erhöht nur den Druck beim Mitarbeiter und steigert nicht die Leistungsmotivation.

4.2 360°-Feedback

WORUM GEHT ES?

Das 360°-Feedback ist eine Beurteilungsform, bei der der Mitarbeiter (meist nur die Zielgruppe „Führungskräfte“)

nicht nur eine Beurteilung vom nächsthöheren Vorgesetzten, sondern zusätzlich von Kollegen, seinen Mitarbeitern und Kunden erhält (Bild 17).

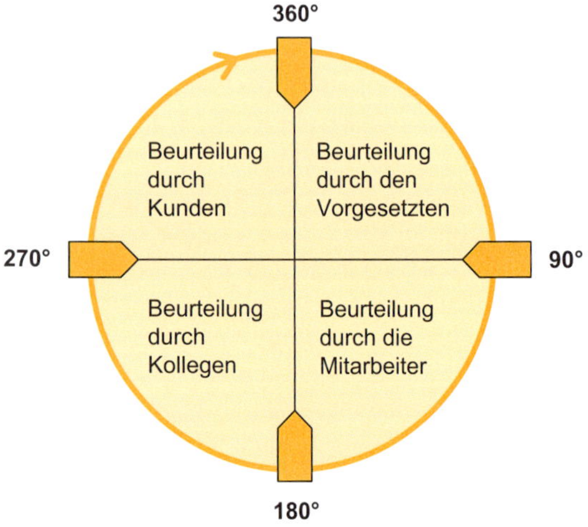

Bild 17: *Beurteiler im 360°-Feedback*

Diese Rückmeldungen werden mit dem Selbstbild des Feedbacknehmers verglichen und ausgewertet. In anschließenden Gesprächen oder Workshops mit den Mitarbeitern werden Entwicklungsmöglichkeiten und Veränderungsbedarfe erarbeitet.

WAS BRINGT ES?

Das 360°-Feedback wird mit unterschiedlichen Zielsetzungen durchgeführt: Zum einen geht es darum, individuelle Entwicklungsfelder aufzudecken und Maßnahmen abzuleiten. Zum anderen wird die Feedbackkultur im Unternehmen gefördert, da Kollegen und Mitarbeiter im Prozess eingebunden sind. Geklärt werden muss, ob das Feedback zur Leistungsbeurteilung dient, und damit z.B. auch Auswirkungen auf das variable Gehalt haben kann, oder ob es nur um eine Rückmeldung an den Feedbacknehmer geht, die rein zur Personalentwicklung verwendet wird (vgl. Brummel).

Vorteile des 360°-Feedbacks:

- Eine größere Anzahl an Feedbackgebern erhöht die Bandbreite der Rückmeldungen.
- Durch den gesteuerten Prozess nimmt man sich die Zeit, sich mit Feedback zu befassen, denn selbst bei Führungskräften, die permanent an Rückmeldungen interessiert sind, geht dies im Tagesgeschäft unter.
- Die Feedbackkultur im Unternehmen wird gestärkt.

Nachteile und Risiken des 360°-Feedbacks:

- Sehr zeit- und kostenaufwändiges Verfahren.
- Auswertungen, die nur Mittelwerte angeben, zeigen nicht die Einzelmeinungen und verwässern das Bild.
- Ohne eine bereits bestehende Feedbackkultur im Unternehmen und eine Veränderungsbereitschaft der beurteilten Führungskraft führt das 360°-Feedback nicht zum Erfolg.
- Bei der Rückmeldung von Führungskräften, die sich gegenseitig beurteilen und im täglichen Leben Konkurrenten sind, besteht bei einer Koppelung an die Leistungsbeurteilung die Gefahr einer unsachlichen und verzerrten Bewertung.

- Die Mitarbeiter könnten sich verunsichert und unter permanenter Beobachtung fühlen – gezwungene Anpassungen des Verhaltens sind die Folge.

Voraussetzung: Feedbackkultur

Häufig ist man von der Möglichkeit fasziniert, eine „Rundumbeurteilung" zu erhalten. Bei einer schwachen Feedbackkultur im Unternehmen sind die genannten Risiken bei der Einführung des 360°-Feedbacks zwingend zu beachten!

WIE GEHE ICH VOR?

Die Durchführung des 360°-Feedbacks erfolgt in drei Phasen:

Schritt 1: Konzeption des 360°-Feedbacks

- Verknüpfung mit den bestehenden Instrumenten im Unternehmen: Die Feedbacknehmer müssen wissen, ob die Ergebnisse in die regulären Beurteilungsverfahren einfließen oder wie der Zusammenhang mit anderen Personalentwicklungsinstrumenten ist.
- Entwicklung des Fragebogens: Die Fragebögen sollten individuell auf das Unternehmen abgestimmt sein. Neben rein quantitativen Angaben anhand einer Bewertungsskala können qualitative Fragen eingesetzt werden, die konkrete Beispiele und Erläuterungen zur Auswertung liefern.
- Einbindung des Betriebsrates.
- Auswahl der Beurteiler: Die Beurteiler sind nach festgelegten Kriterien (z.B. alle Kunden, die eine gewisse Anzahl von Aufträgen erteilt hatten) zu bestimmen, um nicht nur

diejenigen auszuwählen, die dem Beurteilten positiv gegenüberstehen.

- Offene und ehrliche Informationspolitik: Die gleiche Anwendung des Systems und Auslegung der Beurteilungsskala soll durch gemeinsame Veranstaltungen sichergestellt werden.

Schritt 2: Durchführung des 360°-Feedbacks

- Die Teilnahme sollte freiwillig sein, um keinen (auch unbewussten) Druck auf die Beteiligten auszuüben und somit die Ergebnisse zu beeinflussen.
- Die Befragung kann anonym oder direkt durchgeführt werden. Ergebnisse aus der Forschung zeigen, dass anonyme Befragungen realistischer durchgeführt werden als mit Nennung der Namen der Beteiligten. Das Risiko von „Gefälligkeitsbeurteilungen" wird durch eine Anonymisierung reduziert – schließlich werden z. B. die Mitarbeiter von der Führungskraft auch bewertet und könnten daher aus Angst eine zu gute Beurteilung abgeben.

Anonyme oder direkte Befragung

Bei der Entscheidung, ob die Befragung anonym oder direkt durchgeführt wird, ist der Reifegrad des Unternehmens zu berücksichtigen. In Organisationen mit einer bestehenden und gut ausgeprägten Feedbackkultur kann das Feedback offen durchgeführt werden.

- Die Befragung wird häufig über Online-Fragebögen durchgeführt, so dass die Auswertung sehr schnell erfolgen kann.

Schritt 3: Auswertung und Nachbereitung des 360°-Feedbacks

- Am Ende der Beurteilungsphase erfolgt die Auswertung und grafische Aufbereitung der Ergebnisse.
- Die Beurteilten erhalten ihre Ergebnisse zugesandt. Eine rein schriftliche Auswertung ohne Erläuterungen kann zu Missverständnissen führen. Daher sollten diese mit einem Coach oder der direkten Führungskraft besprochen werden.
- Da die Befragung zum Großteil auf die Führungsleistung abzielt, bietet sich zum Abschluss des Feedbacks ein Workshop mit dem gesamten Team an, um konkrete Handlungsempfehlungen abzuleiten. Die besprochenen Maßnahmen sollten nach einer gewissen Zeit (z.B. in einem Jahr) in einem weiteren Workshop überprüft werden.

4.3 Personalportfolio

WORUM GEHT ES?

Als Grundlage für eine zielgerichtete Personalentwicklung im Unternehmen kann der Portfolioansatz (➲ Portfoliomethodik) genutzt werden. Odiorne hat ein Modell entwickelt, bei dem für jeden Mitarbeiter im Unternehmen die aktuelle Leistung (Performance) sowie das zukünftige Potenzial eingeschätzt werden. Daraus ergeben sich vier Mitarbeitergruppen (Bild 18).

Bild 18: *Personalportfolio*

WAS BRINGT ES?

Das Personalportfolio dient unterschiedlichen Zielsetzungen:

Auf Teamebene

- als Grundlage für Entwicklungsgespräche zwischen Führungskraft und Mitarbeiter,
- zur Ableitung von differenzierten Personalmaßnahmen (nach Leistung und Potenzial),
- zur Erhöhung der Arbeitsqualität und -zufriedenheit.

Auf Unternehmensebene

- zur Sicherstellung und Steigerung der Leistungsfähigkeit und Produktivität durch richtig eingesetzte Mitarbeiter,
- zur Überprüfung des Ist-Standes der Leistungsfähigkeit und des Potenzials der Mitarbeiter,

- zur Unterstützung der jeweiligen Unternehmensstrategie: bei einer Wachstumsstrategie zur Erhöhung der Qualität in Form von Qualifizierungs- und Förderungsmaßnahmen, bei einer Konsolidierungsstrategie auch zum Personalabbau.

Manche Unternehmen erstellen im Vorfeld ein Soll-Portfolio, das angibt, wie viel Prozent der Mitarbeiter sich abhängig vom Geschäftszweck sinnvollerweise in welchem Quadranten befinden sollten. Dabei differieren die Angaben von 3–10% bei Mitarbeitern mit verbesserungsfähigem Leistungsniveau und ca. 10–15% bei den „Stars". Der Großteil der Mitarbeiter sollte sich im Feld Leistungsträger befinden.

Vorgaben zur Verteilung im Portfolio auf Teamebene

Auf Teamebene sind prozentuale Vorgaben nicht sinnvoll, da es z.B. Gruppen geben kann, die sich im Aufbau befinden und daher nur „Talente" haben.

WIE GEHE ICH VOR?

Jede Führungskraft baut für ihr Team das Portfolio auf.

Zur Einordnung in das Portfolio können die in Tabelle 4 genannten Kriterien dienen.

Talente:	Stars:
• Anforderungen des Arbeitsplatzes werden (noch) nicht erfüllt, aber es ist eine positive Entwicklung erkennbar • Mitarbeiter ist in die Aufgabe noch nicht vollständig eingearbeitet oder zeigt Kompetenzen für ein anderes Aufgabengebiet • (Noch) nicht zufrieden stellende Zielerreichung, gute Verhaltensbeurteilung	• Anforderungen des Arbeitsplatzes werden voll bzw. übererfüllt • Mitarbeiter ist in die jetzige Aufgabe vollständig eingearbeitet und zeigt Kompetenzen für ein weiteres Aufgabengebiet (horizontale und vertikale Entwicklung möglich) • Gute bis sehr gute Zielerreichung und gute Verhaltensbeurteilung
Mitarbeiter mit verbesserungsfähigem Leistungsniveau:	**Leistungsträger:**
• Anforderungen des Arbeitsplatzes werden nicht erfüllt und derzeit ist keine positive Entwicklung erkennbar • Mitarbeiter ist mit der Aufgabe überfordert • Schlechte Zielerreichung und nicht zufrieden stellende Verhaltensbeurteilung	• Anforderungen des Arbeitsplatzes werden voll bzw. übererfüllt • Mitarbeiter ist in die Aufgabe vollständig eingearbeitet, richtig platziert und nicht für ein anderes Aufgabengebiet vorgesehen • Zufrieden stellende bis sehr gute Zielerreichung und gute Verhaltensbeurteilung

Tab. 4: *Kriterien zur Einordnung in das Personalportfolio*

Im Anschluss daran diskutiert die Führungskraft die Ergebnisse mit dem Mitarbeiter und leitet Personalentwicklungsmaßnahmen ab. Im Folgenden sind die Möglichkeiten für die einzelnen Mitarbeitergruppen aufgeführt:

Mitarbeiter mit verbesserungsfähigem Leistungsniveau: Bei Mitarbeitern, die weder Potenzial für andere Aufgaben noch aktuell eine zufrieden stellende Leistung zeigen, ist die Führungskraft am stärksten gefordert. Vor einer Kündigung des Mitarbeiters sollte zuerst geklärt werden, ob nicht andere Aufgaben in Frage kommen bzw. welche Gründe hinter einer mangelhaften Leistung stehen und wie der Mitarbeiter motiviert werden kann.

Talente: Ziel ist es, die Phase der Einarbeitung möglichst kurz zu gestalten, das Potenzial zum Star oder Leistungsträger zu entwickeln und den Mitarbeiter zu motivieren.

Leistungsträger: Da klassische Personalentwicklungsinstrumente wie Beförderungen oder neue Positionen nicht geeignet sind, sind diese Mitarbeiter in ihrem derzeitigen Aufgabengebiet zu entwickeln und zu fördern. Maßnahmen wie Job Enlargement/Job Enrichment sind Möglichkeiten, immer wieder neue Herausforderungen zu bieten. Daneben sind materielle Anreize und Sicherheit wichtige Aspekte für diese Zielgruppe.

Maßnahmen für Leistungsträger

Bei den Leistungsträgern handelt es sich häufig um die am schwierigsten zu motivierende Gruppe und daher die am meisten vernachlässigte – obwohl die meisten Mitarbeiter sich in diesem Bereich befinden. Der Personalbereich sollte daher in den angebotenen Personalinstrumenten diese Zielgruppe verstärkt betrachten.

Stars: Mitarbeitern mit hoher Leistung und hohem Potenzial ist eine Perspektive im Unternehmen zu bieten. Zur besonderen Anerkennung der Leistung sind Beförderungen möglich.

Die Portfolios sind regelmäßig zu überprüfen und nicht als statische Abbildung zu sehen, sondern vorwiegend als Diskussionsgrundlage zu verwenden. Alle Teamportfolios können auf Abteilungs- oder Unternehmensebene aggregiert werden, um der Geschäftsleitung einen Überblick über die aktuelle Verteilung zu geben.

4.4 Change Management

WORUM GEHT ES?

Wenige Konzepte aus dem Managementbereich werden in Unternehmen so unterschiedlich gehandhabt wie das Change Management. Es geht dabei um die Begleitung von Veränderungsprozessen. Die Bandbreite reicht von Kommunikationsmaßnahmen z.B. bei der Einführung eines neuen EDV-Systems bis zu komplexen Maßnahmen zur Kulturveränderung oder zur Unterstützung von Reorganisationen.

Veränderungen, die das Verhalten von Mitarbeitern oder der Unternehmenskultur betreffen, sind dabei im Vergleich zu notwendigen Veränderungen im Bereich Wissen/Informationen erst nach längerer Zeit zu erreichen.

WAS BRINGT ES?

Change Management-Maßnahmen unterstützen den zielgerichteten und effizienten Wandel. Anhand der Reaktionen bzw. des Umganges der Mitarbeiter mit Veränderungen unterscheidet Schmidt-Tanger die in Bild 19 gezeigten Phasen des Wandels.

Change Management-Maßnahmen sollen diesen Prozess begleiten und die Phasen der Verneinung, Trauer usw. verkürzen oder positiv unterstützen. Dabei ist zu beachten, dass der

Reaktionsablauf bei den einzelnen Verantwortungsebenen im Unternehmen zu einem unterschiedlichen Zeitpunkt einsetzt. So sind die Topmanager meist zu einem früheren Zeitpunkt eingebunden und reagieren ungeduldig, wenn sich die Mitarbeiter im Veränderungsprozess noch anders verhalten als sie.

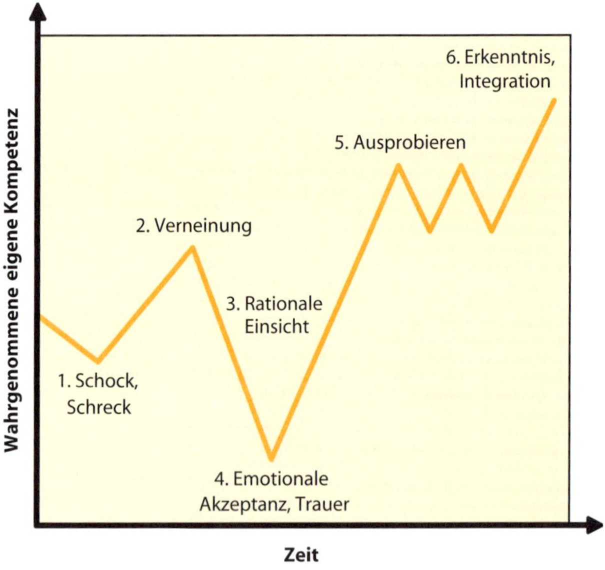

Bild 19: *Phasen im Veränderungsprozess*

WIE GEHE ICH VOR?

Der klassische Change-/Organisationsentwicklungsprozess wird von Lewin wie folgt beschrieben:

1. Auftauen (unfreezing): Auflösen der derzeitigen Verhaltensweisen, Einstellungen und Werte.

2. Verändern (moving): Entwicklung neuer Einstellungen und Verhaltensweisen.
3. Einfrieren (refreezing): Stabilisierung des neuen Zustandes.

Zu Beginn ist eine klare Beschreibung des Soll-Zustandes sowie der Ist-Situation durchzuführen, um die notwendigen Veränderungen transparent zu machen. Je nach geplanter Veränderung sind unterschiedliche Maßnahmen sinnvoll. Einige Beispiele finden Sie in Tabelle 5.

Veränderung	**Mögliche Maßnahmen**
Produkte/ Prozesse	• Schulungen • Information über Intranet, Rundschreiben • Studienmaterialien • Schneeballprinzip: Multiplikatoren werden geschult und geben die Informationen an die Kollegen weiter
Strategie/ Vision	• Kraftfelddiagnose: Förderer und Behinderer der Organisation erkennen und einbinden • Großgruppenveranstaltungen wie z.B. Open Space • Workshops zur Strategieentwicklung • Diskussion mit dem Topmanagement
Struktur/ Aufbauorganisation	• Kraftfelddiagnose: Förderer und Behinderer der Organisation erkennen und einbinden • Teamentwicklungsmaßnahmen • Kommunikationsmaßnahmen wie z.B. Feedbackrunden mit Mitarbeitern und Führungskräften • Diskussion mit dem Topmanagement

Veränderung	Mögliche Maßnahmen
Kultur	• Kulturdiagnose (Interviews, Workshops mit Mitarbeitern aller Hierarchieebenen) • Kraftfelddiagnose: Förderer und Behinderer der Organisation erkennen und einbinden • Diskussion mit dem Topmanagement • Veränderungen der sichtbaren Oberfläche der Unternehmenskultur (der Artefakte) z.B. Führungsgrundsätze oder Unternehmensleitbilder • Unternehmenstheater

Tab. 5: *Mögliche Maßnahmen im Change Management*

Erfolgreiches Change Management zeichnet sich aus durch

- klare Vereinbarungen über die Ziele der Veränderung,
- Vermittlung der Notwendigkeit der Veränderung an die Mitarbeiter,
- Führungskräfte, die die Veränderung vorleben und als Vorbild gelten,
- offene und permanente Kommunikation und Feedbackschleifen und
- einen konstruktiven Umgang mit Widerstand.

➲ Pocket Power „Change Management“.

5 Organisationskonzepte und -methoden

5.1 Prozessmanagement

WORUM GEHT ES?

Die Unterscheidung zwischen Aufbau- und Ablauforganisation in Unternehmen ist ein Grundprinzip der Betriebswirtschaftslehre. Seit längerer Zeit stehen die Ablauforganisation und damit verbunden die Geschäftsprozesse im Mittelpunkt. Unter Prozessmanagement versteht man die Beschreibung, Verbesserung und Bewertung der Abläufe im Unternehmen.

Prozesse nehmen zentrale Funktionen in anderen Managementtechniken ein, so z.B.:

- im Rahmen des Qualitätsmanagements im EFQM-Modell (➲ TQM),
- als eigene Dimension in der Balanced Scorecard zur Unternehmenssteuerung (➲ Balanced Scorecard),
- bei der Umsetzung von Wissensmanagementmaßnahmen, die immer einen Bezug zu den Geschäftsprozessen haben (➲ Wissensmanagement).

Im Rahmen des Prozessmanagements wird der Begriff „Reengineering" oft verwendet. Reengineering ist die radikale Neugestaltung von unternehmensweiten Geschäftsprozessen zur Erreichung überproportionaler Produktivitätszuwächse und Qualitätsverbesserungen.

Aufgrund der großen Nachteile ziehen viele Unternehmen die kontinuierliche, aber langsamere Form der Geschäftsprozessoptimierung diesem radikalen Ansatz vor.

Risiken des Reengineering

Die radikale Vorgehensweise im Reengineering birgt einige Risiken:

- Bisherige Erkenntnisse werden nicht mehr beachtet.
- Bereits gut laufende Prozesse werden ebenfalls verworfen.
- Die Wettbewerbsposition muss durch die vollkommene Neugestaltung des Ablaufes erst wieder erarbeitet werden.
- Mitarbeiter und mittlere Führungskräfte tragen die Veränderungen nicht mit, da sie nicht mit einbezogen wurden.

WAS BRINGT ES?

Prozessmanagement bedeutet, alle Prozesse auf den Kunden hin auszurichten. Ziel ist es, in den Prozessen die Kosten zu senken, die Durchlaufzeit zu verkürzen oder die Qualität zu verbessern. Im Einzelnen geschieht dies z. B. durch

- die Reduzierung von Schnittstellen,
- den Aufbau von geregelten Verantwortungen für den gesamten Prozess und nicht nur für einzelne Schritte,
- die Vermeidung nicht wertschöpfender Tätigkeiten,
- die Automatisierung von Routinearbeiten,
- die Minimierung von Fehlerquellen,
- die Vermeidung von Doppelarbeiten.

Geschäftsprozesse können neben den oben genannten Aspekten auch zur Prozesskostenrechnung genutzt werden: Dabei werden die Durchlaufzeiten eines Prozesses ermittelt (Bearbeitungs-, Liege-, Kontroll- und Transportzeit) und mit dem Kostensatz pro Minute oder Stunde multipliziert.

Prozesskosten Kfz-Bestellung

Für die Abwicklung einer Kfz-Bestellung benötigt die Sachbearbeiterin 20 Minuten. Der Kostensatz pro Minute für diese Mitarbeiterin ist mit einem Euro kalkuliert (Personal-, Sach- und Verwaltungskosten und Risikozuschlag). Somit ergeben sich Prozesskosten von 20 Euro.

WIE GEHE ICH VOR?

Prozessmanagement läuft in vier Phasen ab:

Schritt 1: Prozessarbeit vorbereiten

Hier geht es darum, die Organisation des Prozessmanagements festzulegen. Das Management stellt Ressourcen bereit, vereinbart Ziele und bestimmt die Mitarbeiter, die sich dauerhaft um die Prozessarbeit kümmern. Anschließend werden die Schlüsselprozesse definiert. So sollten nur diejenigen genauer untersucht werden, die

- aus Kundensicht kritische Prozesse sind,
- häufig vorkommen,
- sehr viel Zeit oder andere Ressourcen in Anspruch nehmen, also das höchste Verbesserungspotenzial haben,
- in Abhängigkeit zu anderen Prozessen stehen.

Schritt 2: Prozesse beschreiben

In diesem Schritt werden die Schlüsselprozesse detailliert beschrieben. Dies kann in Form von Flussdiagrammen, die mit so genannten Modellierungs-Tools erstellt werden, oder anhand einfacher Tabellen oder Texten erfolgen: Diese Beschreibungen dienen einerseits für die nachfolgende Prozessoptimierung, finden aber z.B. auch Verwendung für neue Mitarbeiter, um sich in einen Prozess schnell einzuarbeiten.

Flussdiagramme (Bild 20) werden in folgender Form dargestellt:

- Welche Funktionen (Tätigkeiten) werden durchgeführt und zu welchem Ergebnis führen diese?
- Mit welchen Hilfsmitteln werden die Tätigkeiten ausgeführt?
- Welche Verzweigungen im Prozess kann es geben?
- Welche Organisationseinheiten sind zuständig?

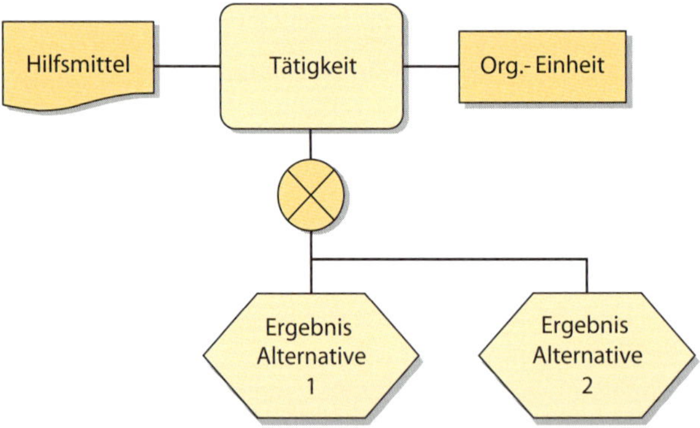

Bild 20: *Beispiel eines Prozessmodells*

Exkurs: Prozesszeitenrechnung

Die Ist-Prozesse können mit der dafür notwendigen Arbeitszeit bewertet werden. Zur Ermittlung der Stückzeiten stehen die in Tabelle 6 gezeigten Methoden zur Verfügung.

Die ermittelten Stückzeiten können mit der Stückzahl der Produkte multipliziert werden und damit als Grundlage für die Personalbedarfsrechnung dienen.

Methode	Beschreibung
Laufzettel-verfahren	Die Prozessschritte werden auf dem im Prozess verwendeten Dokument angebracht, die Mitarbeiter vermerken den angefallenen Arbeitszeitaufwand.
Multi-moment-aufnahme	Speziell ausgebildete Personen befragen die Mitarbeiter regelmäßig, welche Tätigkeiten gerade durchgeführt werden. Mittels statistischer Methoden wird errechnet, wie viel Arbeitszeit pro Tag auf welche Prozesse und auf allgemeine Tätigkeiten (so genannte Verteilzeiten) verwendet wird.
Experten-schätzung	Fachkräfte schätzen den Zeitaufwand pro Arbeitsschritt.
Selbstauf-schreibung	Die Mitarbeiter schreiben die Dauer der Bearbeitungsschritte selbst auf.

Tab. 6: *Möglichkeiten der Prozesszeitenerhebung*

Personalbedarfsrechnung

Zeit pro Prozess (inkl. Aufschlag für Verteilzeiten) · Stückzahl pro Jahr = notwendige Kapazität pro Jahr.
Kapazität pro Jahr : Arbeitszeit pro Mitarbeiter (z. B. 200 Tage p. a.) = notwendiger Personalbedarf.

Nach der Bewertung der Prozesse stehen die zeitaufwändigsten Tätigkeiten im Fokus der anschließenden Optimierung.

Schritt 3: Prozesse strukturieren/optimieren

- Zunächst werden die Prozessergebnisse hinterfragt: Welche Anforderungen werden von den Kunden gestellt? Welche Arbeitsschritte können komplett entfallen? Was wird nur getan, weil man es schon immer getan hat? Werden Tätigkeiten durchgeführt, die für den Kunden keinen Nutzen generieren bzw. nicht benötigt werden?
- Die einzelnen Tätigkeiten werden anschließend nach ihrer Effizienz überprüft. Wechseln permanent die Hilfsmittel oder EDV-Systeme? Wo erfolgen Doppelarbeiten? Können z.B. Kontrollen vereinfacht werden? Welche Prozessschritte sollten durch die EDV unterstützt werden, um z.B. Fehler bei der Datenerfassung zu vermeiden oder Prozesse zu beschleunigen? Im letzten Schritt werden die Schnittstellen zu anderen Abteilungen bearbeitet, aus denen z.B. lange Postlaufzeiten oder Liegezeiten resultieren.

Schritt 4: Prozesse lenken und ständig verbessern

Nach der ersten Prozessoptimierung liegt es an den Verantwortlichen, permanent mit Hilfe von Kennzahlen die Prozesse zu verbessern.

Kennzahlen sind z.B.

- Durchlaufzeiten,
- Anzahl der Aufträge pro Tag oder pro Mitarbeiter,
- Kundenzufriedenheitsindex,
- Anzahl geschulter Mitarbeiter,
- Rechnerverfügbarkeit,
- Termintreue,
- Fehlerquote.

Regelmäßige Workshops sorgen dafür, dass Prozesse, wie in Schritt 3 beschrieben, regelmäßig überprüft und optimiert werden.

➲ Pocket Power „Prozessmanagement".

5.2 Benchmarking

WORUM GEHT ES?

Benchmarking ist die Suche nach besten Produkten (Dienstleistungen), Prozessen, Methoden und auch Strategien. Dabei wird das eigene Unternehmen mit dem besten Konkurrenten verglichen. Zweck ist es, zum führenden Unternehmen in der Branche systematisch aufzuschließen und die Marktführung zu übernehmen. Folgende Benchmarking-Arten werden unterschieden:

- internes Benchmarking (auf das Unternehmen oder einen Konzern bezogen) und
- externes Benchmarking (ausgerichtet auf die Konkurrenz zur Marktanalyse oder auf Unternehmen der gleichen Branche zur Trendforschung oder auf branchenfremde Firmen zur Geschäftsprozessoptimierung).

Verschiedene Kenngrößen z.B. Kosten, Qualität, Kundenzufriedenheit, Durchlaufzeit usw. werden dabei verglichen.

Benchmarking kann ein Baustein im Rahmen eines TQM-Prozesses (➲ TQM) sein, um Anregungen für Qualitätsverbesserungen zu erhalten oder auch Auslöser für Prozessveränderungen bzw. Reengineering-Maßnahmen im Unternehmen (➲ Prozessmanagement) sein.

Benchmarking mit einem branchenfremden Unternehmen

Der Vorteil im Vergleich mit branchenfremden Unternehmen liegt darin, dass diese keine potenziellen Mitbewerber sind und daher offener beim Austausch von Best Practices. Wichtig ist die Auswahl des Partners, der in vergleichbaren Prozessen oder Dienstleistungen Vorteile gegenüber dem eigenen Unternehmen hat. So könnte der Vergleich mit einer Fluggesellschaft Anregungen für die Abwicklung im Kundenservice einer Bank liefern.

WAS BRINGT ES?

Sinnvoll ist Benchmarking nur, wenn eine grundlegende Ähnlichkeit in den Produkten/Dienstleistungen oder in der Leistungserbringung (den Prozessen) der Vergleichspartner besteht. Benchmarking ist die Grundlage für die

- Identifikation von Leistungsdefiziten,
- Erhöhung der Kundenzufriedenheit durch Qualitätssteigerungen, günstigere Preise oder kürzere Lieferzeiten,
- Verbesserung des Unternehmenserfolges durch Prozessverbesserungen, Kostenoptimierung und Profitsteigerung,
- Generierung von neuen Ideen von außen und Wissensaustausch mit anderen Unternehmen.

Grenzen des Benchmarking

Die Grenzen des Benchmarking liegen darin, sich immer nur an anderen Unternehmen zu orientieren und dabei keine eigenen und neuen Innovationen hervorzubringen. Wichtig ist auch, den anderen zu übertreffen und nicht nur permanent nachzuahmen.

WIE GEHE ICH VOR?

Benchmarking läuft in fünf Schritten ab (Bild 21):

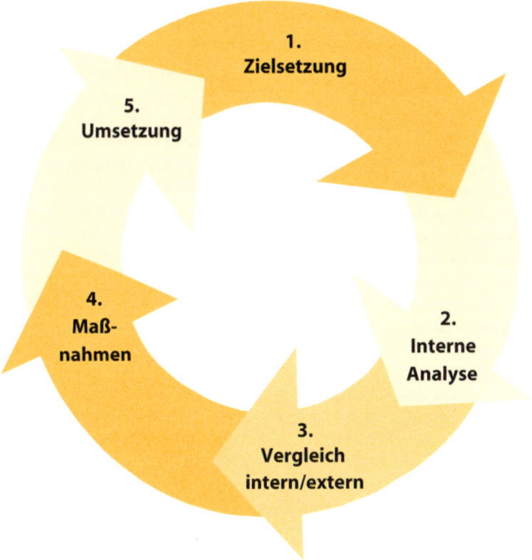

Bild 21: *Phasen des Benchmarking*

Schritt 1: Zielsetzung

In diesem Schritt erfolgen die Zielsetzung und die Auswahl des Objektes (Produkt, Methode, Prozess), das analysiert und verglichen werden soll. Insbesondere beim Vergleich mit direkten Wettbewerbern werden zusätzlich rechtliche Aspekte abgeklärt.

Schritt 2: Interne Analyse

Ziel dieser Phase ist es, alle notwendigen Informationen (z.B. detaillierte Prozessabläufe) und Vergleichswerte (z.B. Bearbeitungszeiten, Produktkosten) für den weiteren Ablauf abzuleiten. Der betroffene Prozess wird meist mit Hilfe eines Werkzeuges grafisch dargestellt. Ebenso wird ein Fragebogen für den Vergleich konzipiert.

Schritt 3: Vergleich mit dem Unternehmen

Erst in dieser Phase wird der Benchmarking-Partner festgelegt und gewonnen. Durch Austausch der Fragebögen und Besuche beim Unternehmen erfolgt die Datengewinnung. Im Anschluss daran werden die gewonnenen Informationen ausgewertet und Leistungsunterschiede herausgearbeitet. Dabei ist zu prüfen, ob

- die Werte wirklich vergleichbar sind,
- durch den Vergleich die Ziele erreichbar werden und
- die Ergebnisse im Unternehmen auch umsetzbar sind.

Zusätzlich muss die Qualität und Plausibilität der gelieferten Daten überprüft werden (wie offen war das andere Unternehmen?).

Verdeckter Vergleich

Sollten Wettbewerber Informationen nicht austauschen wollen, ist auch ein verdeckter Vergleich möglich, der über eine **Clearingstelle** organisiert wird. Die beteiligten Organisationen erfahren dann meist indexierte Ergebnisse, die nicht einzelnen Konkurrenten zuzuordnen sind. Clearingstellen können spezielle Benchmarking-Clubs sein. Doch auch Unternehmensberatungen, Wirtschaftsverbände oder wissenschaftliche Institute übernehmen diese Funktion.

Schritt 4: Maßnahmen

Mögliche Maßnahmen werden definiert und bewertet, anschließend erfolgt die Aufstellung eines Planes zur Umsetzung.

Schritt 5: Umsetzung

Die Umsetzung der einzelnen Maßnahmen, die Zielkontrolle und die Planung der kontinuierlichen Weiterführung schließen den Benchmarkingprozess ab.

➲ Pocket Power „Benchmarking".

5.3 Wissensmanagement

WORUM GEHT ES?

In unserer Gesellschaft hat das Thema Wissensmanagement an Bedeutung gewonnen. Unter diesem Konzept versteht man die Verbesserung der organisatorischen Fähigkeiten auf allen Ebenen der Organisation durch einen besseren Umgang mit der Ressource Wissen (vgl. Probst/Romhardt). Das Wissen der einzelnen Mitarbeiter soll gesichert und innerhalb der Organisation verteilt werden.

Beratungsgesellschaften, die Softwaretools anbieten, setzen den Begriff Wissensmanagement häufig mit der Speicherung von Informationen gleich. Da Wissen aber personengebunden und sehr schwer beschreibbar (explizierbar) ist, ist dies nur ein kleiner Aspekt. Erfolgreiches Wissensmanagement betrifft immer die Dimensionen Technik – Organisation – Mensch:

- Technik betrifft informations- und kommunikationstechnologische Bausteine.
- Organisation beinhaltet die Entwicklung von Methoden für den Wissenserwerb, die Speicherung und die Verteilung von Wissen.

- Maßnahmen, die die Dimension Mensch betreffen, sorgen für die Gestaltung einer Unternehmenskultur, die den Wissensfluss im Unternehmen unterstützt.

WAS BRINGT ES?

Der bessere Umgang mit der Ressource Wissen bewirkt

- einen geringeren Aufwand für die Wissenssuche,
- die bessere Nutzung von vorhandenem Wissen und damit Zeit- und Kostenersparnisse,
- verminderte Informationsrisiken,
- eine verbesserte interne und externe Kommunikation,
- die Beschleunigung in der Projektarbeit,
- die schnelle Integration von neuen Mitarbeitern.

Nutzenbewertung

Eine quantitative Nutzenbewertung beim Wissensmanagement ist aufgrund des schwer zu bewertenden qualitativen Erfolges nur eingeschränkt möglich.

WIE GEHE ICH VOR?

Wissensmanagement ist ein permanenter Prozess, der in die internen Unternehmensabläufe integriert wird (Bild 22). Dieser Prozess lässt sich in sieben Bausteine untergliedern. Bei jedem Baustein sind einige mögliche Methoden aufgeführt, die zur Optimierung dieses Prozessschrittes angewandt werden können.

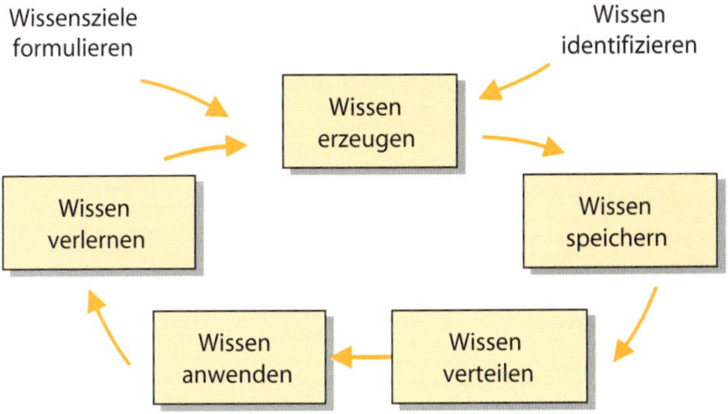

Bild 22: *Der Wissenskreislauf*

Grundlage bilden immer die Geschäftsprozesse des Unternehmens, die anhand der Bausteine analysiert und verbessert werden.

Schritt 1: Wissensziele setzen

In diesem Baustein werden die zu sichernden bzw. aufzubauenden Kompetenzen definiert und transparent gemacht. Wissensziele können bis auf die Ebene des einzelnen Mitarbeiters zur Definition der persönlichen Lernstrategie heruntergebrochen werden.

Wie in Tabelle 7 gezeigt, werden drei Ebenen von Zielen unterschieden.

Schritt 2: Wissen identifizieren

Nachdem die Wissensziele definiert sind, ist die Voraussetzung zur Entwicklung der Wissensbasis die Kenntnis über das vorhandene Wissen. Man erreicht eine Transparenz über intern und extern vorhandenes Know-how, fehlendes Wissen und die Wissensträger.

Normative Wissensziele	Diese Ziele betreffen die unternehmenspolitischen Visionen sowie unternehmenskulturelle Aspekte, die im Unternehmensleitbild verankert sind, z.B.: „Wir nutzen gezielt das Wissen und die Erfahrungen unserer Mitarbeiter zum Vorteil unserer Kunden."
Strategische Wissensziele	Diese Ziele werden für langfristige Programme festgelegt, die der Umsetzung der Strategie dienen, z.B.: „Bis zum Jahr XY ist unser Bereich Kernkompetenzführer im E-Business."
Operative Wissensziele	Auf dieser Ebene wird die Umsetzung der strategischen Programme sichergestellt, die Ziele dienen der täglichen Arbeit, z.B.: „Pro Jahr werden die Lessons Learned aus 20 Projekten in die Datenbank eingestellt."

Tab. 7: *Wissensziele*

Die zur Erfüllung der Geschäftsprozesse notwendigen Wissensfelder (z.B. Wissen über Kunden, Wissen über Produkte usw.) werden definiert. Im Anschluss wird das Wissen der Mitarbeiter in Kategorien erfasst; die Darstellung der Wissensbestände erfolgt in so genannten Wissenslandkarten.

Instrumente zur Wissensidentifikation sind z.B.

- ➲ Benchmarking,
- Diskussionsforen,
- „Yellow Pages"/Expertenverzeichnisse der Mitarbeiter des Unternehmens und
- Expertenbefragungen.

Schritt 3: Wissen erzeugen

Ist das Wissen der Organisation transparent, wird daraus abgeleitet, welche Wissenslücken bestehen, die durch den Erwerb bzw. die Erzeugung von Wissen geschlossen werden sollen. Methoden in diesem Feld sind

- interne und externe Weiterbildungsmaßnahmen,
- Gruppen- und Projektarbeit,
- Kreativitätstechniken,
- Recherche über das Internet/Intranet.

Integration von externem Wissen in das Unternehmen

Die Schwierigkeit, neues Wissen aufzunehmen, liegt oft nicht am Können der Mitarbeiter, sondern an der Bereitschaft, neues Wissen in eine Organisation zu integrieren. Ein Unternehmen muss daher eine Kultur schaffen, in der bereichsübergreifende Netzwerke gefördert werden und das Lernen Bestandteil der täglichen Arbeit ist.

Schritt 4: Wissen speichern

In diesem Baustein geht es darum, Wissen und Informationen für Dritte nutzbar zu bewahren. Mögliche Speichermedien sind nicht nur technische Lösungen wie Datenbanken und Dokumentenmanagementsysteme, sondern auch Handbücher und die Mitarbeiter in Person (z.B. für Expertenwissen, das nicht in Datenbanken gespeichert werden kann).

Durch eine gut organisierte Speicherung des Wissens erspart man sich Zeit und Kosten, die für die Entwicklung oder den externen Zukauf von Wissen notwendig wären.

Mögliche Instrumente zum Speichern von Wissen sind

- Datenbanken, z.B. in Form von häufig gestellten Fragen (so genannte FAQs),

- Communities,
- Gruppen- und Projektarbeit,
- regelmäßiger Austausch mit Kollegen,
- Lessons-Learned-Workshops nach Projekten,
- Internet/Intranet.

Schritt 5: Wissen verteilen

Dieser Baustein beinhaltet den Wissenstransfer und den Zugriff auf die Speichermedien. Ziel ist es, Wissen zur richtigen Zeit in der richtigen Qualität und Quantität an den richtigen Ort zu bringen. Mitarbeiter sollen einerseits den Zugriff auf die notwendigen Wissensbestände haben („Pull-Prinzip") und andererseits direkt mit Informationen und Wissen versorgt werden („Push-Prinzip").

Instrumente zur Verteilung von Wissen sind u.a.

- in- und externe Weiterbildung,
- Storytelling (Erfahrungsgeschichten des Unternehmens),
- Diskussionsforen,
- Gruppen- und Projektarbeit,
- regelmäßiger Austausch mit Kollegen.

Barrieren im Bereich „Wissen speichern und verteilen"

Vor allem im Bereich „Wissen speichern und verteilen" existieren Barrieren in organisatorischer (Hierarchien, mangelnde Zeit, räumliche Trennung) und kultureller („Wissen ist Macht") Hinsicht.

Schritt 6: Wissen anwenden

Um den Nutzen von Wissen im Unternehmen auch sichtbar zu machen, muss das identifizierte, erworbene und geteilte Wissen sinnvoll angewandt werden. Die Voraussetzung ist, offen und bereitwillig mit neuem Wissen umzugehen,

Dokumente nutzerfreundlich aufzubauen und Mitarbeitern in Form von Coaching oder Patenschaften Unterstützung anzubieten.

Methoden zur Optimierung des Bereiches „Wissen anwenden“ sind z.B.:

- Coachingtechniken,
- Lernzirkel,
- strukturierte Laufwerke,
- logischer Aufbau des Intranets und Internets.

Schritt 7: Wissen verlernen

Identifizierte Wissenslücken und die Wissensfelder im Unternehmen ändern sich laufend. In diesem Baustein geht es um das bewusste Verlernen und nicht um den ungewollten Wissensabfluss bei Kündigung oder Umstrukturierungen.

Veraltetes und irrelevantes Wissen wird identifiziert und „gelöscht“. Dabei ist zu beachten, sich nur von nicht mehr notwendigen Themen zu trennen, aber nicht vom notwendigen Erfahrungswissen z.B. aus vergangenen Projekten.

Möglichkeiten in diesem Bereich sind

- regelmäßiges Überprüfen der Laufwerke und
- Zugriffsverhalten und Inhalte des Intranets und Internets überprüfen.

Der Erfolg oder Misserfolg bei der Einführung von Wissensmanagement hängt von der Berücksichtigung folgender Faktoren ab:

- Promotoren im Topmanagement,
- aktives Engagement des Managements,
- Bestandteil des Unternehmensleitbilds,
- Investitionsbereitschaft,

- dezentrale Verankerung,
- zentrale Koordination,
- Priorisierung konkreter Anwendungsfälle,
- Berücksichtigung von Mensch, Organisation und Technik.

➲ Pocket Power „Wissensmanagement".

5.4 Projektmanagement

WORUM GEHT ES?

Gemäß DIN-Norm 69901 ist ein Projekt ein Vorhaben, das „im Wesentlichen durch die Einmaligkeit der Bedingungen in ihrer Gesamtheit gekennzeichnet ist, wie z.B. Zielvorgabe, zeitliche, finanzielle, personelle und andere Begrenzungen, Abgrenzung gegenüber anderen Vorhaben, projektspezifische Organisation".

Definition Projektmanagement

Projektmanagement ist die Gesamtheit der Führungsaufgaben, -organisation, -techniken und -mittel für die Abwicklung von Projekten.

Die besondere Herausforderung beim Projektmanagement liegt darin, dass Projekte aufgrund ihrer einmaligen Aufgabenstellung meist zusätzlich zur regulären Arbeit durchgeführt werden.

WAS BRINGT ES?

Projekte zeichnen sich häufig durch eine hohe Komplexität, Kostenintensität und einer zu Beginn unklaren Zielvorgabe aus. Methoden des Projektmanagements sollen helfen, diese schwierige Aufgabenstellung zu bewerkstelligen.

Projektmanagement hat zum Ziel, das so genannte „magische Viereck“ in Balance zu halten (Bild 23).

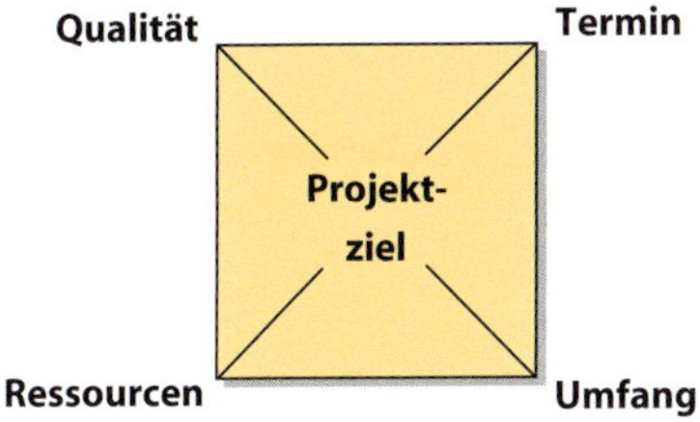

Bild 23: *Magisches Viereck des Projektmanagements*

Im Zentrum steht das Projektziel, also der zu erreichende Endzustand. Dabei ist der Umfang (die geforderte Funktionalität) zu definieren. Ebenso muss im Projekt die gewünschte Qualität zum vereinbarten Termin mit den vorhandenen Ressourcen geliefert werden. Die Veränderung einer Dimension hat Auswirkungen auf alle anderen Bereiche. Werden z.B. höhere Forderungen (also ein höherer Umfang) gestellt, ist dies entweder nicht mehr zum vereinbarten Termin zu realisieren oder es werden mehr Ressourcen benötigt, was dann mit höheren Kosten verbunden ist.

WIE GEHE ICH VOR?

Die Aufgaben eines Projektleiters liegen vor allem in der Auftragsklärung, Projektplanung, Steuerung während der Projektlaufzeit, dem Projektabschluss und der Kontrolle.

Schritt 1: Auftragsklärung

Ein Erfolgsfaktor für die Durchführung von Projekten ist eine umfangreiche Auftragsklärung. Unter anderem geht es um die Beantwortung folgender Fragen:

- Welche Ziele werden mit dem Projekt verfolgt? Was soll am Ende des Projektes anders sein?
- Welche Vorgaben hinsichtlich Budget und Terminen gibt es?
- Sind bereits Vorarbeiten geleistet worden?
- Wer sind die Beteiligten?
- Welche Vorstellungen seitens des Auftraggebers sind bereits definiert?
- Gibt es Berührungspunkte zu anderen Einheiten, Systemen, Projekten im Unternehmen?
- Sind alle Beteiligten über den Start und die Ziele des Projektes informiert?
- Welche Probleme und Risiken sind bereits bekannt?

Bedeutung der Auftragsklärung

Leider wird diese Phase der Projektarbeit aufgrund des Termindrucks oft vernachlässigt. Gerade bei Projektaufträgen des oberen Managements gibt es Hemmungen, Fragen nach Sinn und Zweck des Projektes zu stellen. Im Laufe eines Projektes stellt sich aber immer heraus, dass unklare Vorgaben zu Verzögerungen im Terminplan, notwendigen Nachbesserungen und damit am Ende zu unzufriedenen Auftraggebern führen.

Schritt 2: Projektplanung

Planung ersetzt den Zufall durch den Irrtum: Dieser Spruch zeigt bereits, dass eine Projektplanung nicht vor unvorhergesehenen Ereignissen während des Projektes schützt.

Aber eine zweckmäßige und flexible Projektplanung zu Beginn sorgt für Transparenz bei allen Projektbeteiligten über die Aufgaben und die dafür geschätzten Kosten und Termine.

Die Projektplanung beginnt damit, die Projektaufbauorganisation und die Beteiligten (Tabelle 8) festzulegen.

Beteiligte	**Aufgabe**
Auftraggeber	Der Kunde des Projektteams – er ist für die Definition der Anforderungen verantwortlich, gibt häufig fachlichen Input, stimmt den Projektergebnissen zu und ist für die Bereitstellung des Budgets zuständig.
Lenkungsausschuss	Das Steuerungsgremium des Projektes. Notwendige Budgeterhöhungen, Terminverschiebungen oder Entscheidungen bei schwierigen Sachverhalten werden hier getroffen. Der Lenkungsausschuss ist von Vertretern des Auftragnehmers und des Auftraggebers besetzt.
Reviewteam	Meist Ansprechpartner aus dem Fachbereich. Die Reviewteam-Mitglieder sind für die „Abnahme" der Projektergebnisse zu bestimmten Terminen zuständig und zeigen Mängel auf, die noch beseitigt werden müssen.
Projektleiter	Der Projektleiter steuert das Projekt, er entscheidet über den Einsatz der Methoden zur Durchführung des Projektes. Er führt die Projektmitarbeiter und ist verantwortlich für das Projektergebnis.

Beteiligte	Aufgabe
Projektteam	Das Projektteam wird bei umfangreichen Themen in ein Kernteam und ein erweitertes Team unterschieden. Das Kernteam arbeitet hauptsächlich für das Projekt und ist während der gesamten Laufzeit am Projekt beteiligt. Das erweiterte Team besteht aus Mitarbeitern, die nur für einzelne Aufträge zuständig sind und nur für eine gewisse Zeit im Projekt arbeiten.

Tab. 8: *Projektbeteiligte*

Neben der Definition der Projektaufbauorganisation ist die Hauptaufgabe in der Planungsphase die Aufstellung eines konkreten Projektplanes, also der durchzuführenden Aufgaben, der dafür notwendigen Zeit und Sachmittel sowie der Verantwortlichen.

Zum Ende bestimmter Projektphasen werden Meilensteine gesetzt. Meilensteine können z.B. im Rahmen von IT-Projekten die Erstellung eines Fachkonzeptes, die technische Realisierung und die Schulung von Mitarbeitern sowie das Projektende sein.

Gemeinsam mit dem Projektteam werden anschließend die so genannten Arbeitspakete definiert. Jedes Arbeitspaket ist gekennzeichnet durch die Beschreibung der Aufgaben und der erwarteten Ergebnisse, den Verantwortlichen, die Dauer der Bearbeitung inkl. des Beginns und des Endes sowie die dafür anfallenden Kosten (Personalkosten im Sinne der Arbeitszeit und Sachkosten). Wichtig ist auch, Abhängigkeiten zu anderen Arbeitspaketen darzustellen, um Schnittstellenprobleme zu vermeiden.

Sind die Aufgabenpakete definiert, kann es erforderlich sein, bestimmte Themen zusammenzufassen und einzelne Teilprojekte zu bilden. So kann das Projekt „Fusion mit der XY AG" drei Teilprojekte haben (Bild 24).

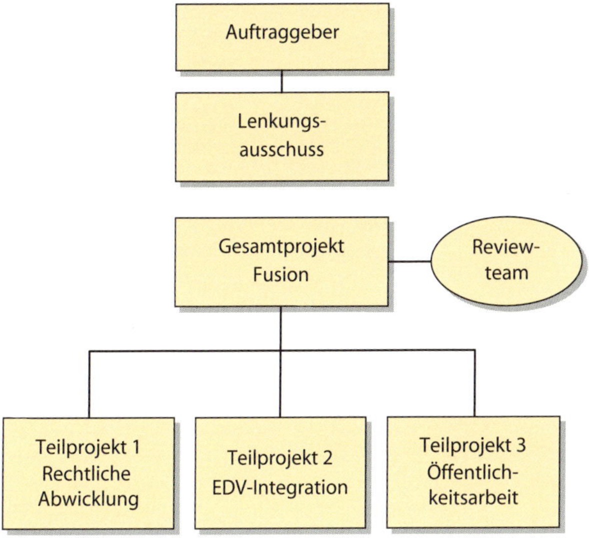

Bild 24: *Teilprojektstruktur*

Tabelle 9 zeigt Methoden, die bei der Projektplanung zur Anwendung kommen.

Methode	Beschreibung
Umfeldanalyse	Erfassung aller am Projekt Beteiligten und vom Projekt Betroffenen. Aus dem Ergebnis können Schnittstellen und ggf. Arbeitspakete abgeleitet werden.
Risikoanalyse	Erfassung und Bewertung möglicher Risiken im Projekt, um einerseits notwendiges Risikobudget zurückzustellen und andererseits die Risiken bewusst im Projektverlauf zu managen.
Balkendiagramm	Auf einer Zeitachse werden die einzelnen Aufgaben mit dem notwendigen Zeit- und Ressourcenaufwand eingetragen. Bei einem fix vorgegebenen Endtermin bietet sich die „retrograde Terminplanung" an – dabei wird vom Endtermin aus zurückgerechnet.
Kommunikationsplan	Eine Aufstellung, wer in welchem Rhythmus, zu welcher Zeit und in welcher Form informiert wird.
Kosten-Nutzen-Analyse	Die geschätzten Projektkosten werden dem qualitativen und quantitativen Nutzen gegenübergestellt.

Tab. 9: *Methoden der Projektplanung*

Kapazitätsplanung für das Projektmanagement

Vergessen Sie nicht, auch Kapazitäten für die Projektplanung, die Kommunikation innerhalb des Projektteams und zu den Kunden einzuplanen. Als Faustregel gelten hier 10–15% der Projektlaufzeit.

Schritt 3: Steuerung während der Projektlaufzeit
Ist die Projektplanung fertig gestellt und das Projektteam benannt, beginnt die eigentliche Projektarbeit. Die Hauptaufgaben in dieser Phase zeigt Tabelle 10.

Aufgabe	Beschreibung
Kick-off	• Startveranstaltung für das Projekt • Alle Beteiligten werden auf die Ziele und die zu übernehmenden Aufgaben eingestimmt
Überprüfung des Projektplanes	• Permanente Überprüfung des Terminplanes und der Kosten • Aktualisierung des Projektplanes
Risikomanagement	• Laufende Überprüfung der identifizierten Risiken • Welche Risiken haben sich erledigt bzw. sind ggf. bereits eingetreten? • Welche haben sich verändert? • Welche sind neu hinzugekommen?
Kommunikation	• Regelmäßige Rückmeldungen an den Lenkungsausschuss in Form von Statusberichten • Kommunikation mit dem Auftraggeber und innerhalb des Projektteams
Dokumentation	• Sicherstellung der notwendigen Projektdokumentation • Bereitstellung der Infrastruktur für die Projektmitarbeiter
Unterstützung des Projektteams	• Erkennen und lösen von Konflikten im Team oder zwischen Teammitgliedern und der Linienführungskraft • In kleinen Projekten fachliche Unterstützung in der Projektarbeit

Tab. 10: *Methoden zur Steuerung des Projektes*

Schritt 4: Projektabschluss und Kontrolle

Am Ende eines Projektes erfolgt die Erstellung einer Projektbilanz. Die Ziele des „magischen Vierecks“ werden überprüft: Ist der Termin und sind die Ressourcen eingehalten worden? Sind alle Qualitätsanforderungen berücksichtigt worden? Entspricht das Ergebnis den Anforderungen?

Neben diesen messbaren Faktoren sollte auch ein Rückblick auf die Projektarbeit mit dem Team erfolgen. Viele Probleme treten in ähnlicher Form auch bei anderen Projekten auf. Daher bietet jedes Projekt die Möglichkeit, aus den Erfahrungen zu lernen und diese in Lessons-Learned-Berichten zusammenzufassen. Dabei werden sowohl positive als auch negative Aspekte und Lösungen dokumentiert. Es bietet sich an, während des Projektes bereits eine Art „Logbuch“ zur Aufzeichnung aller wichtigen Vorkommnisse zu führen.

Mögliche Fragestellungen zur Erhebung von Lessons Learned:

- Was war die Zielsetzung im Projekt? Wie haben sich diese Ziele verändert? Welche Konsequenzen hatten diese Änderungen und wie wurde damit umgegangen?
- Wurden Externe eingesetzt und welche Erfahrungen wurden gemacht?
- Wie viel Aufwand war für die Umsetzung von Entscheidungen erforderlich?
- Wie gestaltete sich die Zusammenarbeit mit den Kunden, internen Schnittstellen und dem Auftraggeber?
- Hat sich die Vorgehensweise als geeignet erwiesen? Welche Alternativen hätte es gegeben?
- Welche Probleme waren vorhersehbar? Was hätte im Vorfeld zur Vermeidung getan werden können?

Zur Würdigung des Projekterfolges sollte eine Projektabschlussfeier, mindestens jedoch eine Abschlusssitzung mit dem Projektteam stattfinden.

➲ Pocket Power „Projektmanagement".

6 Marketingkonzepte und -methoden

6.1 Marktforschung

WORUM GEHT ES?

Die Marktforschung untersucht

- das Verhalten von Konsumenten, um Prognosen über deren zukünftiges Verhalten zu gewinnen, sowie
- die Konkurrenz, um daraus in Summe Marketing- und Produktentwicklungsstrategien zu entwerfen.

In der Primärforschung werden die Informationen direkt bei den Endverbrauchern durch Befragung oder Beobachtung gewonnen. Die Sekundärforschung bereitet bereits vorhandene Informationen auf.

WAS BRINGT ES?

Das Wissen über Verhaltensmuster des Zielmarkts/der Zielgruppe schafft die Voraussetzung für eine gezielte Marktbearbeitung und operative Unternehmens- bzw. Absatzplanung. Dadurch lassen sich Ressourcen gezielt, effizient und gewinnbringend einsetzen. Kenntnisse über den Markt, die Konkurrenz und ihre Strategien bilden im Vergleich mit den eigenen Stärken und Schwächen (➲ SWOT-Analyse) die Grundlage für die eigene erfolgreiche Strategiefindung.

WIE GEHE ICH VOR?

Schritt 1: Marktabgrenzung

Der Absatzmarkt eines Unternehmens kann

- sachlich,
- räumlich,

- zeitlich und
- persönlich

abgegrenzt werden. Die sachliche Marktabgrenzung richtet sich in erster Linie über die Art der Bedürfnisse, die mit dem angebotenen Produkt/der Dienstleistung befriedigt werden sollen. Je enger der Markt sachlich abgegrenzt wird, desto größer werden die Marktanteile und desto bedeutender wird die Marktstellung des Unternehmens. Ein Anbieter von Fruchtsäften beispielsweise kann im Fruchtsaft-, Getränke- oder Lebensmittelmarkt tätig sein. Bei der sachlichen Marktabgrenzung spielen zwar die nahe liegenden Ähnlichkeiten von Produkten eine große Rolle, aber auch die Substitutionsstärke zwischen Produkten (z.B. der Ersatz von Butter durch Margarine und umgekehrt).

Die räumliche Marktabgrenzung berücksichtigt die geografische Lage und Ausdehnung des Marktgebiets. Regionale Anbieter verfügen beispielsweise nur in ihrem Kerngebiet über einen sehr hohen Marktanteil.

Die zeitliche Marktabgrenzung berücksichtigt die Marktanteile im Jahresverlauf. Motorräder dürften sich beispielsweise eher im Frühjahr und Sommer verkaufen als im Winter.

Mit der persönlichen Marktabgrenzung wird der Markt auf relevante Abnehmer-/Zielgruppen eingegrenzt.

Schritt 2: Marktsegmentierung

Kundengruppen verhalten sich sehr unterschiedlich und reagieren auf Marketinginstrumente sehr verschieden (➲ Marketing-Mix). Diese unterschiedlichen Kundengruppen nennt man Marktsegmente. Die das Kundenverhalten maßgeblich bestimmenden Faktoren und Merkmale dienen als Kriterium für die Marktsegmentierung. Man unterscheidet dabei leicht verfügbare Daten wie die sozioökonomischen Merkmale

- Einkommen,
- Wohnort,
- Beruf,
- Besitzstand/Vermögen,
- Rolle in der Familie,
- Zugehörigkeit zu Gruppen (z.B. Gartenbesitzer)

und schwer verfügbare Daten wie die psychografischen Angaben

- Kaufabsicht,
- Einstellungen,
- Motive (Bedürfnisse).

Eine weitere Möglichkeit zur Marktsegmentierung bieten Merkmale, die das Konsumentenverhalten in der Vergangenheit beschreiben wie

- Konsumausmaß eines bestimmten Produkts,
- Typ der Geschäfte, die bevorzugt aufgesucht werden,
- Markentreue.

Mit der Analyse der Kundengruppen gewinnt man einen Einblick in die Kundenstruktur des Marktes, so die Reaktion der Kundengruppen auf Marketingaktivitäten prognostizierbar ist. Die Komplexität des Sachverhalts lässt allerdings nie eine exakte Vorhersage der Marktentwicklung bzw. Kundenreaktionen zu.

Schritt 3: Konkurrenzanalyse

In der Konkurrenzanalyse werden Informationen über die wichtigsten Konkurrenten im Markt(-Segment) gesammelt und bewertet. Nach Identifikation der Konkurrenten als solche wird anhand folgender Kriterien beurteilt, ob diese besser, genauso gut oder schlechter als das eigene Unternehmen sind:

- Ertrags- und Finanzkraft,
- strategische Ziele und Geschäftsfelder,
- Ressourcen und Produktionskapazitäten,
- Marktposition und -anteil,
- Kunden,
- Innovationsfähigkeit,
- Qualifikation der Mitarbeiter.

Schritt 4: Marktumfeldanalyse

Neben den Beziehungen zu Kunden und Konkurrenten beeinflussen auch sonstige Rahmenbedingungen den Absatz. In der Marktforschung müssen daher auch folgende Faktoren beobachtet und untersucht werden:

- globale wirtschaftliche Situation (Entwicklung des Bruttosozialprodukts, der Einkommen, Zölle, Handelsbarrieren, Konjunktur),
- soziokulturelle Bedingungen (Demografie, soziale Schicht, Ausbildungsstand, gesellschaftliche Werte, Normen),
- technologischer Entwicklungsstand,
- Umweltbedingungen (Klima, Geografie, Infrastruktur),
- rechtliche Bedingungen (Gesetze, Verordnungen, freiwillige Beschränkungen).

6.2 Marketing-Mix

WORUM GEHT ES?

Der Marketing-Mix beinhaltet die Basisinstrumente des Marketings – auch bekannt unter „Vier P“ (Bild 25).

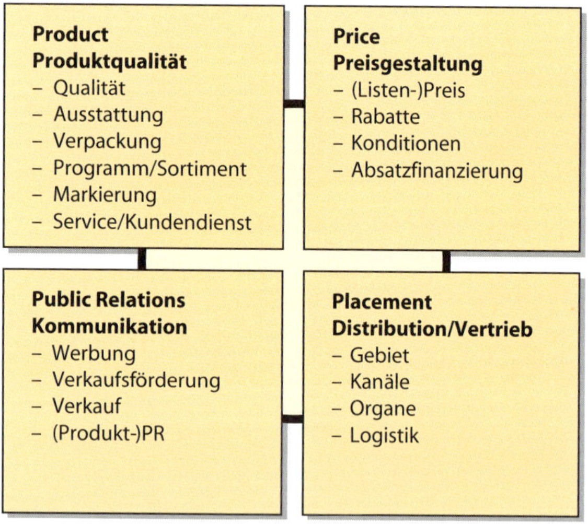

Bild 25: *Instrumente des Marketing-Mix*

Jedes Basisinstrument umfasst eine Vielzahl von Einzelinstrumenten, die durch unterschiedliche Freiheitsgrade bei der Gestaltung und gegenseitige Wechselwirkungen gekennzeichnet sind. So kann die Produktpolitik beispielsweise die Verpackung, Qualität, Menge und das Design beinhalten. Die Preisgestaltung kann durch Listenpreis, Rabatte, Zahlungsfristen und Finanzierungsmodelle zusammengesetzt sein. Die Marketing-Mix-Planung umfasst die systematische

Auswahl und Kombination von Marketinginstrumenten zur Erreichung der Absatzziele hinsichtlich ihrer Gestaltung und Intensität, dem räumlichen und zeitlichen Einsatz.

Marketing für ein hochwertiges Parfum

Für den dauerhaften Markterfolg sind ein gute und stabile Produktqualität, ein hoher Preis (Qualitätsindikator), anspruchsvolle Werbung, luxuriöse Verpackung und der Vertrieb über exklusive Fachgeschäfte notwendig. Eine einzige nicht passende Komponente im Marketing-Mix wie beispielsweise eine billige Verpackung oder der Vertrieb über Discounter führt zu deutlich geringerer bis gar keiner Akzeptanz bei den Konsumenten oder im Handel.

WAS BRINGT ES?

Die erfolgreiche Umsetzung des Marketing-Mix zeigt sich an der Steigerung des Marktanteils, höheren Erlösen, verbesserter Produktbekanntheit und Imagesteigerungen.

WIE GEHE ICH VOR?

Im ersten Schritt erfolgt die Auswahl der geeigneten Marketinginstrumente in Abhängigkeit von der gewählten Marketingstrategie, der Zielgruppe und dem Tätigkeitsbereich des Unternehmens. Das Finden der günstigsten Mittelkombination steht im Vordergrund – nicht die Optimierung eines einzelnen Instruments. Schließlich nimmt der Kunde die Wirkung aller Instrumente insgesamt wahr. Im nächsten Schritt erfolgt die Festlegung der einzelnen Instrumente hinsichtlich Qualität, Quantität und ihres Einsatzzeitpunktes.

Entscheidungsfelder der Produktpolitik

Die Produktpolitik umfasst alle Entscheidungen zur Gestaltung der Marktleistung. Dabei unterscheidet man Entscheidungen über

- die Struktur und den Umfang des Produkt-/Dienstleistungsprogramms sowie
- einzelne Produkte/Dienstleistungen.

Bei den Einzelleistungen geht es um

- das Produkt i.e.S. (funktionale Eigenschaften und Produktqualität),
- die Markierung (Namen, Symbole, Logos und charakteristisches Design),
- die Verpackung sowie
- kauf- und nutzungsbezogene Dienstleistungen (Lieferung, Montage, Wartung und Garantieleistungen).

Entscheidungsfelder der Preispolitik

Preisentscheidungen sind mit hoher Unsicherheit verbunden und haben unmittelbare und ggf. gravierende Auswirkungen auf den Umsatz. Die drei wichtigsten Größen zur Preisfestlegung sind die Herstellungskosten, das Verhalten der Nachfrager und der Konkurrenz. Die Beantwortung folgender Fragen hilft bei der Preisfindung:

- Welche Rolle spielt der Preis im Verhältnis zu anderen Produkt-/Leistungseigenschaften?
- Welche Wettbewerbsstrategie und Preispolitik verfolgt die Konkurrenz?
- Wie sieht die langfristige Preisentwicklung am Markt aus?

- Welche Änderungen im Verbraucherverhalten sind zu erwarten?

Exkurs: Break-Even-Analyse

Die Break-Even-Berechnung ermittelt im Rahmen einer Wirtschaftlichkeitsbetrachtung den Zeitpunkt, an dem erstmals der Nutzen/Gewinn eines Produkts, einer Dienstleistung, einer Investition oder eines Projekts den Aufwand übersteigt. Der Break-Even-Punkt bezeichnet den Umsatzerlös, der volle Kostendeckung erzielt, und wird folgendermaßen berechnet:

$$\text{Break-Even-Umsatz} = \frac{\text{Fixe Kosten}}{1 - (\text{variable Kosten} : \text{Umsatzerlöse})}$$

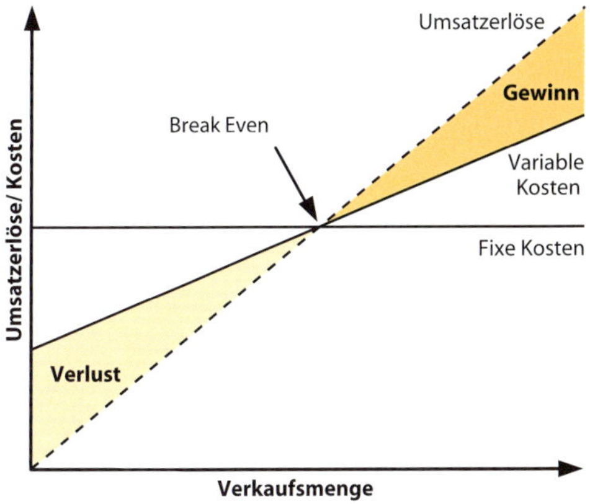

Bild 26: *Break-Even-Analyse*

Bei weiterer Umsatzsteigerung erreicht das Produkt die Gewinnzone. Die Break-Even-Darstellung (Bild 26) erleichtert die Bewertung und Auswahl verschiedener Produkt-, Investitions- oder Projektalternativen. Sie zeigt auch, wie sich Veränderungen der Umsatzerlöse, der Preise, der Kosten und des Beschäftigungsgrads auswirken. Des Weiteren lassen sich daraus Kennzahlen wie der Barwert einer Investition, Amortisation und Rentabilität ableiten.

Entscheidungsfelder der Kommunikationspolitik

Das Ziel der Kommunikationspolitik ist die Beeinflussung des Verhaltens am Markt (Angebot und Nachfrage) durch

- Werbung,
- Verkaufsförderung,
- Öffentlichkeitsarbeit und
- persönlichen Verkauf.

Dabei geht es zunächst um Bekanntheit des Unternehmens/des Produkts, dann um die Akzeptanz (positive Einstellung des Verbrauchers) und letztlich die klare Profilierung gegenüber der Konkurrenz. Erst durch eine klare Profilierung hebt sich das eigene Angebot in der Wahrnehmung der Nachfrager gegenüber der Konkurrenz positiv ab und führt zu entsprechendem Marktverhalten.

Entscheidungsfelder der Distributionspolitik

Die Distributionspolitik umfasst alle Entscheidungen hinsichtlich der Vertriebsart und des Vertriebsweges. Dabei wird grundsätzlich zwischen direktem Vertriebsweg zum Endverbraucher und indirektem Vertriebsweg über z.B. Groß- und Einzelhandel unterschieden. Distributionsentscheidungen sind langfristig orientiert und nur schwer zu ändern.

6.3 Lebenszyklus

WORUM GEHT ES?

Die Methode basiert auf der Annahme, dass die Existenz von Produkten am Markt begrenzt ist und jedes Produkt eine typische S-förmige Entwicklung der Verkaufszahlen in vier Phasen durchläuft: von der Einführung des Produkts über Wachstum und Reifephase bis zur Marktsättigung (Rückgang). Der Lebenszyklus entspricht dem Marktzyklus. Die einzelnen Phasen der Kurve sind abhängig vom Produkt unterschiedlich lang, ebenso wie der Kurvenverlauf sehr unterschiedlich ist. Im Konsumgütermarkt sind die Lebenszykluskurven beispielsweise generell sehr kurz.

Der Lebenszyklus ist eine dynamische Betrachtung. Im Mittelpunkt steht nicht die Analyse der Situation eines Produkts zu einem Zeitpunkt, sondern die Analyse von Veränderungen im Zeitablauf (Bild 27).

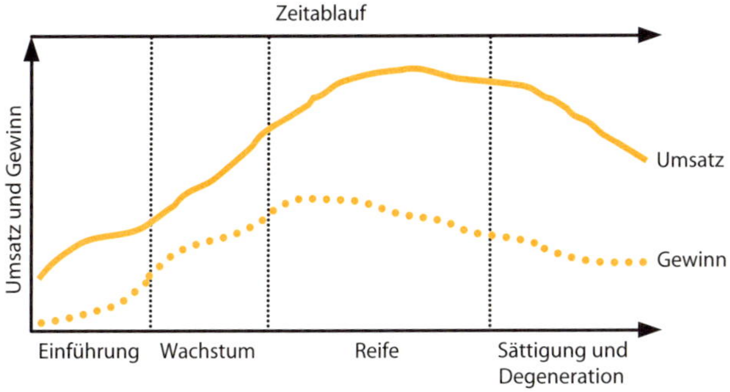

Bild 27: *Lebenszyklusmodell*

WAS BRINGT ES?

Wenn die Lebenszyklen immer kürzer werden, geraten die Gewinnmargen der Unternehmen immer mehr unter Druck. Die Produktlebenszeiten sind in manchen Bereichen so kurz, dass kaum Zeit bleibt, mit den Produkten Gewinne zu erzielen. Verzögerungen in der Entwicklung haben damit unmittelbaren Einfluss auf den wirtschaftlichen Erfolg. Die realistische Abschätzung der Lebenszyklusdauer und der Markt-/Lebenszyklusphase ist die Grundlage für die Strategieformulierung und die operative Planung (➲ Marketing-Mix). Des Weiteren können damit das Produkt- und Verkaufsprogramm gesteuert und etwaige Absatz- und Umsatzprobleme analysiert werden.

WIE GEHE ICH VOR?

Einführungsphase

Die Einführungsphase ist der Lebensbeginn eines Produkts: Die Marktakzeptanz entscheidet sich. Diese hängt ab von der Neuigkeit des Produkts, der Übereinstimmung mit Kundenbedürfnissen und der Unterscheidbarkeit zu gleichwertigen Produkten. Die Phase ist gekennzeichnet von hohen Marktinvestitionen und Werbeausgaben. Der Absatz steigt in dieser Phase nur langsam an. In dieser Phase ist zu entscheiden, mit welcher Stärke in den Markt eingetreten und ob ein enges oder breites Marktsegment avisiert wird.

Wachstumsphase

Die Investitionen der Einführungsphase bewirken den Eintritt in die Wachstumsphase. Das Produkt ist bekannt und akzeptiert, abhängig vom Produkt gibt es Wiederholungskäufe. Der Absatz steigt überproportional. In dieser Phase treten häufig Konkurrenten in den Markt ein. Dadurch sind meist Veränderungen in der Qualität des Produkts, in den Eigenschaften oder im Preis notwendig. Damit stabilisiert sich der Umsatz. Hier gilt es festzulegen, in welchem Ausmaß die erreichte Marktposition gefestigt wird und ob ggf. neue Nachfrage durch verwandte Produkte oder geografische Ausdehnung des Angebots generiert wird.

Reifephase
In der Reifephase steigt der Absatz nur noch degressiv; der Wettbewerbsdruck nimmt erheblich zu. In dieser Phase werden der Markt und die Käuferzielgruppe gezielt gepflegt und angesprochen. Zur Verteidigung und zum Ausbau des Marktanteils stehen Produktverbesserungen, Ausweitung der Produktlinie, Eindringen in Mitbewerberbereiche oder der Einsatz sekundärer Produktmerkmale (wie z.B. Service) zur Verfügung. Zum Ende der Reifephase gibt es keine Umsatzzuwächse mehr.

Sättigungsphase
In der Sättigungsphase entwickelt sich der Umsatz rückläufig. Durch gezielte Produktverbesserungen, entsprechende Preispolitik und Kommunikation kann diese Phase und damit das Leben des Produkts verlängert werden (z.B. das Waschmittel Persil von Henkel oder Nutella von Ferrero). Am Ende der Phase wird das Produkt vom Markt genommen.

Stichwortverzeichnis

360°-Feedback 73
Balanced Scorecard 35
Benchmarking 93
Change Management 83
EFQM-Modell für Excellence 51
Kernkompetenzmodell 31
Kontinuierlicher Verbesserungsprozess 39
Lebenszyklus 123
Management by Objectives 70
Marketing-Mix 118
Marktforschung 114
Personalportfolio 78
Portfoliomethodik 21
Projektmanagement 104
Prozessmanagement 87
Qualitätsmanagementsystem 43
Reifegradmodelle 63
Sieben-S-Modell 24
Six Sigma 59
SWOT-Analyse 15
Szenariotechnik 18
Total Productive Management 66
Total Quality Management 49
Wettbewerbsanalyse/Wertschöpfungskette 29
Wissensmanagement 97

Literaturverzeichnis

Alle Pocket Power-Bände siehe hintere innere Umschlagseite.

Brummel, Petra: Feasibility-Studie zum 360°-Feedback. HypoVereinsbank 1998

Crainer, Stuart: Managementtheorien, die die Welt verändert haben. Niedernhausen/Ts., Falken 1999

Hamel, Gary; Prahalad, C. K.: Wettlauf um die Zukunft. Wien, Ueberreuter 1997

Klimecki, Rüdiger; Gmür, Markus: Personalmanagement. Stuttgart, UTB 2001

Möller, K.; Noller, H.: Controlling-Lexikon. Six Sigma. In Controlling, 06/2002

Odiorne, George S.: Strategic Management of Human Resources. San Francisco, Jossey-Bass 1985

Osterloh, Margit; Frost, Jetta: Prozessmanagement als Kernkompetenz. Wiesbaden, Gabler 2003

Porter, Michael: Wettbewerbsstrategie. Frankfurt/New York, Campus 1999

Probst, G.; Raub, S.; Romhardt, K.: Wissen managen. Wiesbaden, Gabler 1997

Schmidt-Tanger, Martina: Veränderungen in Organisationen. In NLP aktuell, 05/94